すべて話し方次第

一田憲子

KADOKAWA

誰かと話すということは
自分一人で生きているんじゃない
と知ること。

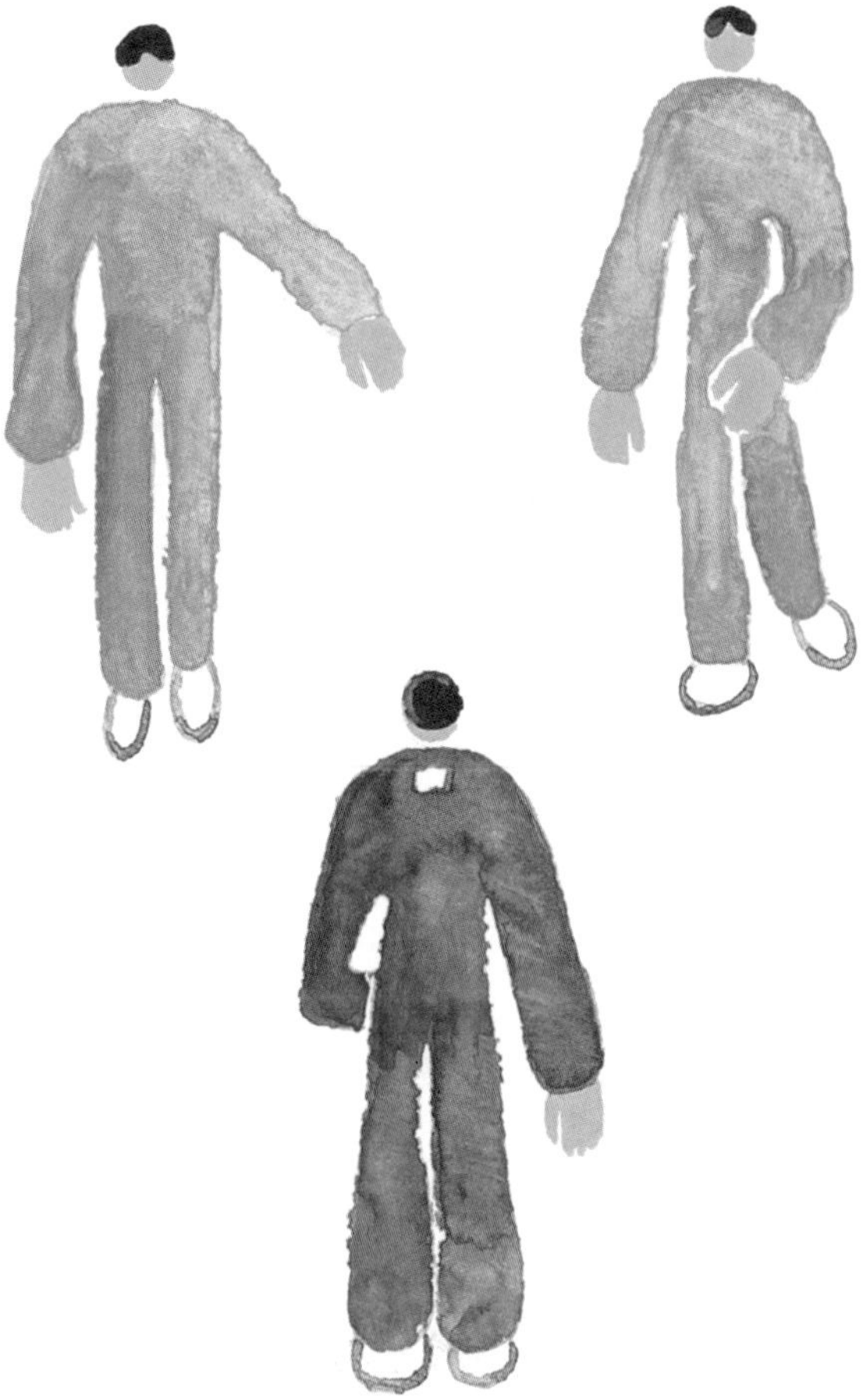

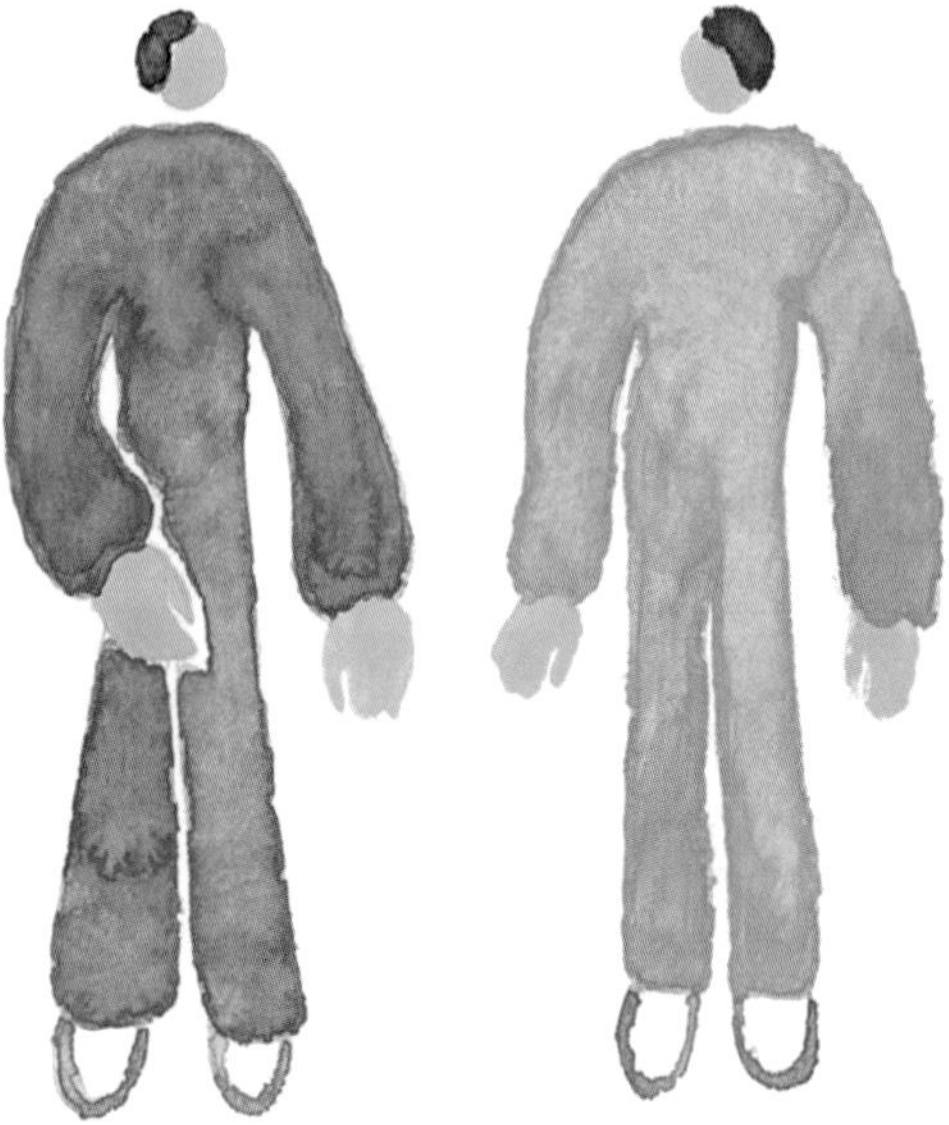

誰かの言葉に耳を傾けて
自分の胸の中に
眠っている言葉を掘り起こし
互いに与え合うということ。

「話す」ことを
大事にしてみたら、
今のままの私でありながら
新しい扉が開く。

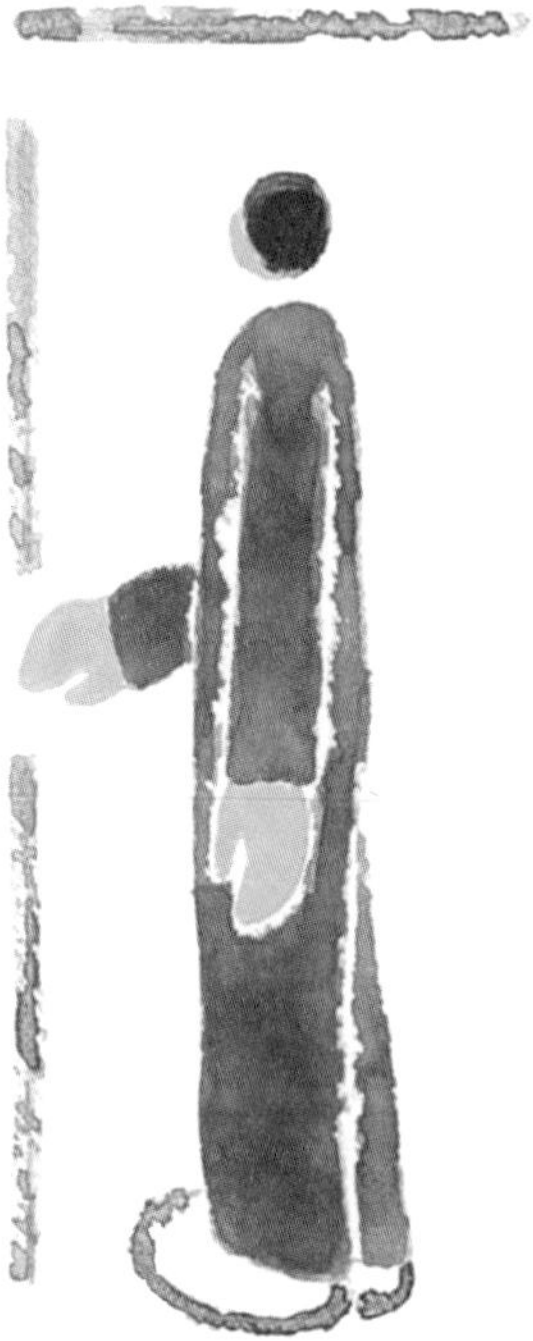

はじめに

昨日、何人の人と話をしたかな？と思い返してみると、そんなにたくさんの数ではない……、と気づいてびっくりします。

しかも、その相手は、仕事関係の人だったり、玄関前の掃除をしていたお隣のおじさんだったり、テニスのコーチだったり。どの人も用事があるからとか、偶然出会ったから話すだけで、「話そう」と思って話したわけではない人たちばかり。気の合う友人と、お茶を飲みながらじっくり話す、という機会は1、2カ月に一度あればいいほうです。

人は一人で生きているわけではない、と私たちは知っています。だから、いろいろな人と交流し、視野を広げていかなくちゃ、と思います。でも、実際の生活では、人付き合いはそれほど密でもなく、濃いわけでもない……。それでも、「話す」という力は、なんて大きいんだろうと思うのです。

私の仕事は「書く」ことです。その作業は一人でするもの。毎日パソコンに向かって文章を綴《つづ》り、孤独な時間を過ごします。友達はそんなに多いわけではなく、社交的なわけでもありません。

でも、私の「書く種」は、間違いなく、隣にいる「誰か」と交わした話の中から拾ったもの。つまり、私はいつも、誰かとの話の中で何かを感じ、考え、そこから新たな発見をしているということです。

仕事仲間とは、最近注目されている書籍についてや、便利なメモソフトについて情報を交換し合います。玄関前を掃除していたおじさんからは、もうすぐ椿のつぼみが開きそうなことを教えてもらい、私は「花を一輪リビングに飾ることが好き」と話します。テニスのコーチからは、どうしたらバックハンドが安定するかのアドバイスを受け、私は「頭でわかることを、体に伝えるって難しい〜!」と、はあはあと息をしながら、感想を伝えます。

どの話し相手の話の裏側にも、その人の暮らしや、今まで歩いてきた道がつながっています。

じっくり悩みを相談したり、未来の夢を語り合ったりしないまでも、そうした日常の何気ない会話の中で、私たちは一人では到底体験し得ない「もうひとつの人生」のかけらを手渡してもらっています。

そして、誰かの話を自分の胸の中に取り込むと、胸の奥底で忘れ去られていた自分自身の記憶が、モゴモゴと動き出します。「私ってそうだったのか!」と気づき、それを隣にいる人に再び「じつはこうだったのよ」と話してみる。そうやって一人のときは止まっていたまわりの空気が、誰かと話すことで動き出し、新しい風が吹きます。

だったら、上手にその「風」を利用してみたい。その活用方法のひとつが「話し方」をちょっと意識してみること。

椿のつぼみについての会話から、その奥に存在するおじさんの植物とともにある毎日に思いを馳《は》せ、さらに自分の好きな花のことを語ってみることで、季節の味わい方の幅がぐんと広がります。

特別に親密な友達をつくらなくても、今ある人間関係の中で、隣にいる人とのなんでもない会話の中で、自分を知り、世界を広げることができる……。話し方、聞き方を変えることは、世界の見方を変えてくれます。


話すことは一人ではできません。

相手の話に耳を澄まし、自分の胸の中にあるものを掘り起こして言葉にし、それを交換する。ふだん無意識にやっているけれど、その営みはとても高度な技に支えられています。そんな「話す力」をもうちょっと磨いてみたら……。何者かにならなくても、「今のまんまの私」でこの手にできるものがぐんと増えるはず。

今に感謝ができるようになるのも、明日がちょっと楽しみになるのも、すべて話し方次第なのですから。

目次

三章 「聞く力」で「話す力」をもっと伸ばす 171

デザイン＝川島卓也・大多和琴［川島事務所］
挿画＝原けい
ＤＴＰ＝茂呂田剛［エムアンドケイ］
校正＝根津桂子・秋恵子
編集＝中野さなえ［KADOKAWA］

一章

上手に話すってどういうこと？

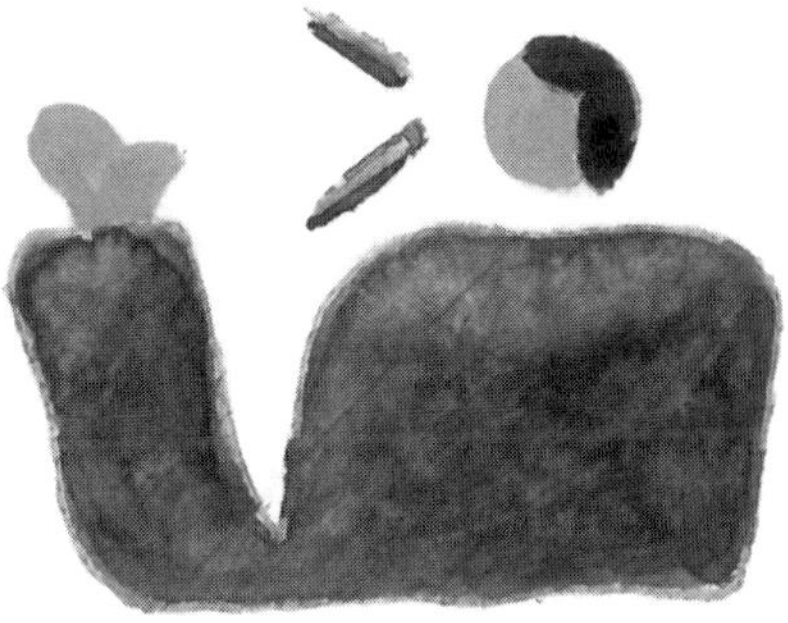

「話す」ということは聞いてくれる相手に自分を託すこと

私は決して人付き合いが得意なほうではありません。仕事モードになってスイッチを入れれば、誰とでも話ができるし、インタビューも大好きです。でも、社交的なほうではなく、友達も少ないし、みんなとワイワイおしゃべりを楽しむ、というタイプの人間ではない……。それでも「人と話す」ということは、自分の中でとても大切なものだと信じています。

会話をするとき、必ずそこには相手が存在します。話したことを聞いてもらい、相手の話を聞きます。この「聞く」ことが含まれている、というのが「話す」ことのまず第一の特徴です。

話した後に起こることは、コントロールできない

自分の話を「聞いてもらう」ことも、相手の話を「聞く」ことも、自分の力が及ばない場所で展開されます。自分が話すことを相手がどんなふうに「聞いてくれるか」は、コントロールすることができません。

さらに、私の話を受けて、相手がどんな話をしてくれるかは、耳を澄ませて「聞く」ことしかできません。つまり、どちらも相手に託《たく》すしかないのです。

そこがおもしろい！

たとえば、私が老いた父親のことを話してみます。

私　「父がどんどん頑固になってさあ。誰かが遊びに来てくれたとしても、自分の自慢話しかしないわけよ。人に話を振ることができない……。老いるって、

コミュニケーションもできなくなるのかなあ」

これに対して聞いてくれる人の反応はさまざまです。

Aさん「うちの父もそうだったよ。老いると前頭葉が固くなって、イライラしたり、怒りっぽくなったりするんだって。だから仕方ないと割り切って、『はいはい』って聞いてあげるしかないよねえ」

Bさん「イヤだったら、逃げたっていいと思うよ。席を外すとか、その話には加わらないとか。親のためって思いすぎると、自分を消耗しちゃうから、そこは割り切らなくちゃ」

私は、Aさん、Bさん、それぞれが返してくれたエピソードによって新しい視点を得て、自分が話した「父親の老い」というテーマを、まったく違うように理解し直すことになります。自分の中の事実は変わらないのに、人の反応を聞くことで、そこから先の展開が変わってきます。

さらに一歩進んで、次は相手の話を聞くことになります。何を話してくれるかは、そのときの状況次第。思いもかけない展開になったり、まったく知らない世界の扉を開けてもらったり。

たとえばこんな感じです。

Aさん「やっぱり歳を重ねるごとに健康が大事だと実感するよね。私は最近ピラティスをはじめたんだよ。体が整ったら、前よりずっとポジティブに物事を考えられるようになったと思うな」

Bさん「今年の目標は、『イヤなことはやらない』ってこと。年齢を重ねて、残りの時間が少なくなるからこそ、イヤなことに大事な時間を費やすのはもったいないと思うんだよね。最近、オーガニックな食材を使った冷凍のお弁当を取り寄せるようになったの。冷凍庫にストックしておいて、忙しい日には、夕飯はそれ！　気分がぐんとラクになるよ〜」

私の父親の話から、Aさんとは健康についての話に展開し、Bさんとは毎日のごはん作りの話に展開します。

こうして、あっちこっちに話題が広がって、自分の思考がかき混ぜられる体験こそ、誰かに話すという行為で得られる宝物だなあと思います。

話すとは、自分の内側の整理整頓

「話す」ことの第二の特徴が、自分の中の整理整頓です。

話すには、思いを言語化しないといけません。たとえば映画を観て、すごく感動したことを友達に伝えるとしたら、「何に」感動したのかを言葉に置き換える作業が必要です。

日常生活の中で、私たちはたくさんの体験をするけれど、そのとき考えたこと、感じたことを、どんどん忘れてしまいます。さらさらと流れる時間の中で、その体験がいったいなんだったのか、きちんと分析しないまま、次の体験がやってきてしまう……。

ひとつひとつの体験を、きちんと自分で把握するための助けになるのが、人に「話す」ということです。

友達に会って、映画『パーフェクト・デイズ』がどんなにすばらしかったのかを説明する。その「説明」という行為を通して、私たちは、自分の内面を整理し、心の中の思いを定義し直します。

「『パーフェクト・デイズ』って、役所広司さんが演じる一人の男性、平山の日常を描いた映画なんだよ。

夜明け前に起きて、髭《ひげ》を剃り、缶コーヒーを買って車に乗って、都内のあちこちにある公衆トイレの清掃の仕事に出かける。帰ったら銭湯に行き、夕方には同じ食堂でお酒を飲み、一冊百円の単行本を読んで寝る。淡々と同じことを繰り返す変わらない日常……。でも、そんな日々は、途中の登場人物によって、平山が人生の舵《かじ》をぐっと切って、自分の意志で人生を『変えた』ことで手に入れたものだということが、わかってくるんだよね。

おそらくビジネスマンとして豊かな暮らしをしていた平山は、そこでは得られないものがあると感じた。そこから抜け出す方法が、別の人生を歩むことだった。

そして今、トイレのある公園で毎日大きな木を見上げ、その木漏れ日を幸せそうに見つめるんだよね。木漏れ日って同じようで毎日違う。美しさはその日だけ。そんな一瞬の確かさを、しみじみ感じさせられたかなあ」

こんなふうに説明することで、私は自分の「幸せ」や「確かさ」というものを点検し、それを定義し直しています。

人に話をしながら、「そっか！　私ってこんなふうに考えていたんだ」と発見することも多いはず。人は意識しないと、毎日目の前で起こったことを分析し、

自分が発したひと言から、

「私ってこんなことを思っていたのか」とハッとする瞬間がある。言葉にすることで自分が本当に思っていることを知れる。

蓄積し、過去の「あれ」と今日の「これ」を結びつけて、思考を深めることができません。でも、人に伝わるように話す、というプロセスを通して、自然にそんな自分の内側の整理整頓ができます。

「話す」ということは、結構面倒くさいものです。夫婦の間でも、今日あったことを、夫にわかるように説明するのは手間も時間もかかります。そして、「ま、いいか、わかってもらわなくたって」と口をつぐんでしまう……。そんな自分をはげまして、近くにいる人にきちんと話す……。それは、自分を見つける作業でもあります。

もし、自分が何が好きなのか、何をしたいと思っているのかがわからなくなってしまったら、一人でじっくり考えるのもいいけれど、誰かに話してみると、自分の内側に滞《とどこお》っていたものが流れて、するするとアウトプットができるかもしれません。誰かに聞いてもらったら、ちょっとほっとしてラクになれるかも。言語化によって自分が整う爽快感は、一度味わうと病みつきになります。

歳を重ねるごとに、この「話す」ということが、どんどん大切に思えるようになってきました。若い頃は、いかに頑張り、成長し、実力をつけるか……と、興味のベクトルが自分自身にしか向かっていなかったけれど、人生の後半にさしかかると、その限界がわかってきます。どんなに頑張っても、私は私以上の人にはなれません。そう知ったとき初めて、横にいる人と話してみようか……と自然に思えるようになりました。

「私はこう思うの」と自分を差し出し、あなたの言葉を待つ……。話すということは、人は一人では生きていけない、ということからスタートする、経験の豊かな交換システムだと思います。

まとめ

話すことで、
隣にいる人と人生を交換する

「話がうまい人」とは咀嚼力とリンク力がある人

誰かと会って、「ああ、この人話がうまいなあ」と感じることがあります。帰り道に「あ〜、おもしろかった」という満足感に満たされて、「また会いたい」と思う……。そんな人の特徴が、「咀嚼《そしゃく》」と「リンク」がうまいということ。

まず、「咀嚼」がうまいとは、自分の体験をそのまま話すのではなく、きちんと噛み砕き、消化し、自分の中に取り入れてから話してくれるということです。

よく、「こんなことがあってね」と興奮気味に、自分が感動したことを熱く語る人がいます。経験をありのままに話しても、それは自分には関係ないその人だけの話で、「は〜、それは良かったね」だけで終わってしまいます。

でも、その体験が彼や彼女にとってどういう意味を持つものだったのか？ なぜ感動し、どこが良かったのかを、きちんと分析して話してくれると、「あなたの話」から、「私も受け取れること」へと変換されて、「わかる、わかる〜」と共感することができます。

○体験をそのまま話した場合

「この前、産婦人科医の高尾美穂さんとお話しする機会があってね。高尾さんって大学病院で働いていたけれど、西洋医学の限界を感じていたんだって。病院では、がんを切ったらもう悪いところはないから大丈夫って言うでしょう？

でも、患者さんにとっては、手術後の傷が痛んだり、体調がなかなか戻らなかったりする。そこをなんとかしたい、と大学病院をやめることにしたんだって。

大きな病院をスパッとやめちゃうなんてすごくない？」

○咀嚼して話した場合

「この前、産婦人科医の高尾美穂さんとお話しする機会があってね。高尾さんって大学病院で働いていたけれど、やめて表参道の婦人科の勤務医になられたんだよね。

病院では、がんを切ったらもう悪いところはないという判断でしょう？　でも、患者さんは術後の傷が痛んだり、体調がなかなか戻らなかったり。その差をどうにか埋められないかと考えたんだって。医師の立場ではなく、患者さんの目線で『健やかに生きる』ってことを考えられたところがすごいよねぇ。

私たちって、いつも自分のいる場所でベストな方法は何？と考えがちだけれど、その世界の一歩外に出たら、それは本当にベストなの？ともうひとつ広い目で見ることの大切さを教えてもらったんだよね」

同じ高尾美穂さんに会った話をしても、前者はどんなことをしてこられたのか、という事実を説明しただけなので、彼女に会ったことがない人の胸には、その内容がすっと入ってきません。

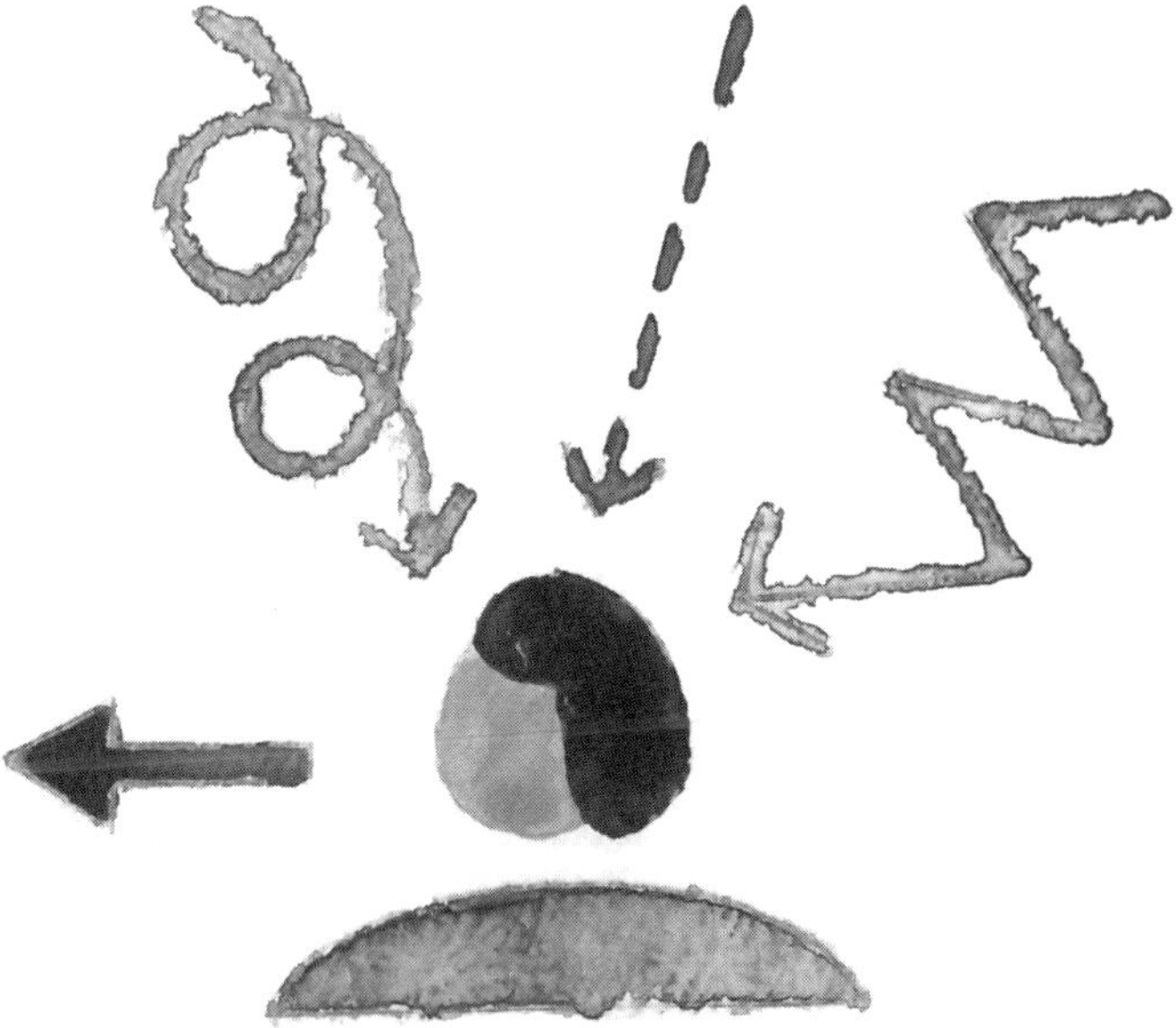

話し上手とは、誰かと話した記憶や、テレビや雑誌で知ったこと、映画で触れたことをいったん自分の中に飲み込んでから自分の言葉に変換し、誰かに手渡すことができる人のこと。

対して後者は、高尾さんのどこがどんなふうに「すごい」のかを分析しています。その結果、高尾さんのエピソードの中から「自分のいる場所から一歩外へ出る大切さ」というポイントをピックアップできています。

こうして具体的なことから少し離れて、抽象化し、誰にでもシェアできる「真実」を導き出したからこそ、聞き手が「自分ごと」として取り入れることができるというわけです。

自分のふだんの思考プロセスをリンクさせて話す

もうひとつが「リンク力」です。これは、ひとつの体験談を、かつて自分が考えたこと、ずっと抱えてきた問題点とリンクさせて話すということ。話のうまい人に出会うと、必ず「ああ、この人は、ふだんの生活の中で、常に〝考えて〟暮らしているんだろうな」と感じさせられます。

考えるとは「これはどうしてだろう?」「どうしてこう思っちゃうんだろう?」

という問題点を持ちながら、日々暮らしているということ。

知りたい、解決したいポイントを持っていると、見るもの、聞くものの中からヒントを見つけ、「ああ、そうだったのか！」とひらめく瞬間がやってきます。

そして、何がきっかけで、どう考え、どんな結論を導き出したか、そのプロセスを語ってくれるからおもしろい！　なんでもうまくいっている人より、コンプレックスを抱えたり、悩みを持っている人の話のほうが聞き応えがあるのは、この「発見の回路」がより複雑で数が多いからです。

前述の高尾美穂さんとの出会いを、リンクさせて語ると、こうなります。


「歳をとると、仕事の第一線から退いて、だんだん主流の人ではなくなってくるでしょう？　それって自分が不要になるってことなのかな？ってずっとさびしい気がしていたんだよね。

でも、高尾先生の話を聞いて、いつもの場所から一歩出るっていうアクションを知ったんだよね。そうしたら、今までと同じペースで仕事をしなくてもいい。後輩にこれまでの経験を教えることも、すごく大切なことだと思えるようになった。
自分がより稼ぎ、認められることがすべてだと思っていたけれど、もう少し大きな目で見たら、『誰かの役に立つ』っていう価値を、ようやく見つけられた気がするよ」

こんなふうに自分の中での葛藤と、それをどう解決したかの道筋を話してもらったとき、「本当にそうだよね……」と共感し、その人の思考のプロセスを尊敬し、話を聞けたことを幸せだなあと感じられます。

つまり、話がうまいとは、テクニックではないということ。

ふだん、毎日をどんな視点で眺め、そこから何を考え、自分自身をどう更新し続けているかを話の種にする。そんな話は、その本人でないとできないことです。

リンクする内容は、決して立派なものでなくても、自分自身がありのままの生活の中で感じていることでいいと思います。たとえば、毎日のごはん作りがイヤだなあ、つらいなあと感じていて、なんとかラクをして、無理をせず料理ができるように試行錯誤する。そのプロセスを語ったなら、「そうそう！」と心を重ねてくれる人が、きっとたくさんいるはずです。

自分がふだんから何を悩み、何を考え、何に気づき、どんな結論を導き出したのか？　それを言語化できる人が「話がうまい」人だなあと思います。

つまり、話し上手になるためには、自分を客観視できるようになるのがいちばん。そのために役立つ手段が、日々のことをちょっと「書き留めて」みるということです。完璧に書かなくても、思いついたことを箇条書きにするので十分。

前述の高尾さんのお話とリンクさせた自分の働き方についての気づきなら、こんな感じのメモになります。

・仕事の第一線を退くことは、悲しいことじゃない
・稼ぐことだけが目的じゃない
・誰かのために働くことが大事

こうしてメモした言葉を眺めるだけで、自分の意見を可視化でき、何かの話を聞いたときに、そのストーリーに結びつけやすくなります。

誰かと話をするということは、自分の体験から何かを発見したそのプロセスを交換し合うということ。奥行きのある会話は、いろんな人の生き方をシェアできる力を持っています。

感じ良く話すことは意外に大事

そして「うまく話す」と同時に大事なのが「感じ良く話す」ことです。

コロナ禍で一躍好感度が上がったのが、アナウンサーの藤井貴彦さんでした。

みんなが、正体がわからない感染症にピリピリしていたとき、夕方のニュース番組「news every.」での藤井さんの呼びかけに力をもらった、と感じた人は多いのではないでしょうか？

「今大切なのは、生活のために開けているお店への批判ではなく、お世話になってきたお店への応援ではないでしょうか」「おうちにいる、人との距離を保つ、それだけで社会貢献になっています」などなど。それはみんなが、「今できること」を見つけられる希望の言葉でした。

話をしていて、明るい気持ちになれることは何より大事なことなのかも。話すときの笑顔だったり、相手のことを一生懸命考えることだったり、ハキハキと話す声だったり。相手にどんな元気が手渡せるか……。それが「感じ良く話す」ということの正体なのかもしれません。

まとめ

自分が経験したことを分析し、
過去と体験をリンクさせて思考のプロセスを語る

自分の言いたいことを伝えるためには聞いている相手の力を借りる

初めて会う人に、自分のことを説明しないといけないシチュエーションがあります。

たとえば私なら、初めてのデザイナーさんや、カメラマンさんと組んで仕事をはじめるときや、誰かに取材をお願いするとき、「この本は、こういう本で、こんな気持ちで作っています」と説明をします。

会社員の方なら、新たなチームで仕事をはじめるとき。お母さんなら、ママ友とＰＴＡで何かを決めるとき。「今までしてきたことはこういうことで」と、自分のやってきたことを過去までさかのぼって語ったり、「これからはこちらの路線で」と、未来の計画や、自分自身の意見など、いろんなことを伝えなくてはいけないはず。

これが、なかなか難しい！　話さないといけないことがたくさんありすぎて、いったいどこから話せばいいのか、わからなくなってしまいます。

言いたいことは小分けにして、急がず少しずつ話す

そんなときには「一度ですべてを話そうとしない」ことが大切です。

過去から未来までを一度に、しかも聞いている人にわかる形で話すなんて、普通の人には到底無理です。なのに、つい「ひと通り全部伝えないと、わかってもらえない」と焦ってしまいがち。その結果、無理にいろんなエピソードを詰め込んで、脈絡なくくっつけて話すので、聞いている人にとっては、はなはだわかりにくくなってしまうのです。

だからこそ、少しずつ小分けにして話すことが大事。一度に全部を話し切らなくたっていいということです。これは、「少し」と「少し」の間に、ほかの人との会話を交《ま》ぜるということでもあります。

つまり、話す相手の力も借りるということ。相手のおしゃべりも間に挟みつつ、行きつ戻りつしながら、自分の説明したいことを、細切れで出していきます。そして、最後にすべてをつなげて「あ〜、そういうことだったのね」とわかってもらう……。

しゃべりたいことを自分だけで弾丸のようにしゃべるのではなく、こうやって相手とキャッチボールをしながら、言いたいことを少しずつつなげていく、というイメージです。

たとえば私が、自分が企画編集している雑誌『暮らしのおへそ』のイベントを新しいチームで企画するとします。

一度にすべてを伝えるとなると、こんなふうになります。

「『暮らしのおへそ』とは、いろんな人の暮らしの習慣を『おへそ』と名付けて、習慣からその人の生き方、暮らし方を語るというものです。

この本で取材させていただいた方を集めて初めてのイベントを開いたのは、今から10年ほど前のことです。

集まってくれるのは、ショップやブランドもあれば、個人の作家さんもいます。でも『利益をあげる』ということだけでなく、このイベントに行けば、いろんなものが並んでいて、ワクワクするっていうことが大事。

だから在庫数が少なくて売り上げを立てられないからダメ、というのではなく、来てくださったお客様が楽しんでくださる『場』をつくりたいと考えています」

この長い話の行間には、いろんな思いが詰まっています。

でも、話をつなげて、ぎゅっと詰め詰めにしてしまうことで、ひとつの文と文の間にある、本来はもっと膨らむはずの「思い」が潰れてしまいます。

これを小分けにして、相手の言葉も借りてつなげると、こうなります。

私　『暮らしのおへそ』とは、いろんな人の暮らしの習慣を『おへそ』と名付けて、習慣からその人の生き方、暮らし方を語るというものなんです」

相手「へ～、習慣がテーマっていう雑誌なんておもしろいですね～」

私　「そうなんです。もともと私自身が引っ越しをしたとき、よし、これを機に早起きしよう、と思ったのにできなくて……。そんな経験を経て、習慣ってその人をつくるピースなんだなあって思ったんですよね」

相手との会話を挟むと、最初の一文だけでも、こんなに内容が膨らみます。

さらに続きはこんな感じ。

私　「この本で取材させていただいた方を集めて、初めてのイベントを開いたのは、今から10年ほど前のことなんです」

相手の言葉を借りると、自分の話したい内容と相手が聞きたい内容がリンクして、より豊かな会話が生まれる。

相手「へ～、どんなきっかけではじまったのですか？」

私「百貨店のバイヤーさんが、『暮らしのおへそ』のファンでいてくださって、声をかけてくださったんですよね。でも、最初『そんなの無理無理！』って思ったんです。『おへそ』で取材させていただくのって、小さなブランドやお店ばかり。そんな方たちは、百貨店という場にはちょっと合わないかなあと思って」

小分けにすることで、説明をただの事実として伝えるのではなく、ひとつの物語にして手渡すことができるようになります。すると、おもしろく聞いてもらえて、興味を持ってもらえるはず。

会話をするということは、相手の力を信じるということです。一人でできないことは、相手の力を貸してもらえばいい。自分のことをしゃべるだけでなく、相手の話にも耳を傾けながら、時間をかけて、話したいことをゆっくり伝えていきます。

ただし、こちらが話しやすいような質問を、相手がちょうど良く投げかけてくれるとは限りません。そんなときは、まず相手にこちらから質問をして、会話をつないでみます。そこから引き取って、自分の話へ戻します。

私　「この本で取材させていただいた方を集めて、初めてイベントを開いたのは今から10年ほど前のことなんです」
相手「へ～、すごいですね」
私　「○○さんは百貨店で何かのイベントに行かれたことはありますか？」
相手「ありますよ。『北海道展』とか、ご当地の食材を集めたイベントとか」
私　「そう、百貨店のイベントってすごく人が集まりますよね？　でも、『暮らしのおへそ』で取材させていただくのって、小さなブランドやお店ばかり。そんな方たちは、百貨店という場にはちょっと合わないなあと思って」

ずっと一人で話しているより、相手との会話も挟んだほうが、「話に参加している感」が生まれ、より伝わりやすくなります。

最初からすべてを詰め込まず、足し算の話し方を

仕事の場では時間のゆとりがない場合もあります。そんなときには、最初に概要を伝え、その後でやり取りをしながら時間が許す範囲で、少しずつ肉付けしていくのがおすすめ。最初は、すべてを詰め込まず、引き算をしてシンプルな形にしておきます。

「『暮らしのおへそ』という雑誌を軸として、この本で取材をさせていただいたお店やブランドを集めてイベントを企画しているんです」といった具合。

その後で、「この本はね」とか「イベントをはじめたきっかけはね」と足し算をします。

打ち合わせの際、ビジネスライクな説明より、その後の雑談のほうが、本当に考えていることや、こちらの目指している方向性や思いが、より伝わるもの

です。それはきっと、説明は「事実」であり、雑談には「感情」が含まれるから。

人は何かを理解するとき、まずは骨格を知ることからはじめます。

でも、骨格だけでは、「形」しかわかっていない状態。それをどんな思いでつくったのか、つくりたいのか。説明している人の「感情」に触れないと、本当の理解は生まれません。感情を伝えるためには、いったん事実から離れる時間が必要なのです。

だから「これを話さなくちゃ」という使命をちょっと手放して。

肩の力をふわっと抜いて、相手と一緒に「わはは」と笑ってみることが、案外大事だったりするのです。

まとめ

相手との会話のキャッチボールの中で、
少しずつ思いを伝える

人前で話をするときに大事なのは そこに「物語」があること

トークイベントや講演会、あるいは会議の席での発表、クライアントの前でのプレゼンなど、人前で話すのが苦手、緊張してうまくしゃべれない、などの声をよく聞きます。

これを克服するいちばんの方法は、当たり前ですが、きちんと準備をする、ということです。

慣れている人は、アドリブでどんどん話すことができますが、慣れていないとドギマギしたり、考えていることの半分も話せず終わってしまったり。そんなことを避けるためには、話すときに落ち着いた状態でいられることが大事。

事前準備は、「これだけきちんと準備したのだから」と自分に自信を持てるようになるためのプロセスでもあります。

準備の仕方は、どれぐらいの時間でしゃべるか、で変わってきます。30分くらいなら、話す内容を箇条書きにする程度でも大丈夫。ただし1時間以上の場合は、慣れないうちは、話す内容をいったん原稿化してみるのがおすすめです。


私が主宰しているライター塾では、実際に皆さんに課題を書いていただく前に、まずは書き方の基本をお伝えしています。最初のうちは、話す内容を箇条書きでノートに書いておき、それを見ながら話していました。

ところが……。あるとき、ビジネススキルをあげるワークショップを主宰している、という方に取材をする機会がありました。

彼女のワークショップは、何十万円という、とても高額なものです。みんなの期待が高いからこそ、彼女は綿密に準備をしていて、「話すことは、いったんすべて原稿にしているんです」と教えてくれました。

「わあ、そこまで?」と驚きましたが、私も試しにいつものライター塾の最初の説明を、話し言葉で原稿として起こしてみました。

書いてみると、A4の用紙で6枚ほどになりました。すると……。いつもはなんとなく話していることが、きちんと文字化されるだけで、頭の中がとてもよく整理され、話す内容がぐっと明確になりました。

以前は、毎回話す内容が少しずつ変わっていました。でも、原稿化することで、この説明はこんな例をあげるとわかりやすいなど、話すディティールまでしっかりと確立でき、話がぶれないようになりました。

話すときには、この原稿を「読む」わけではありません。逆に原稿を見ないまま話す場合がほとんどです。それでも、一度原稿として仕上げておいたおかげで、ちらりと用紙を見て、キーワードをチェックするだけで、きちんとポイントを押さえて話すことができるようになりました。

実際に話しはじめるときには、まずは「これからこんなことを話します」と最初にゴールを伝えておくことが意外に大切です。たとえば、会議をはじめるときには、「これから、まずはイベントの概要をお伝えし、次に、個々の参加者の説明をさせていただきます」といった予告をします。

聞き手にとって苦痛なのは、「これからいったいどんな話がはじまるのか、予測がつかない状態」で、相手の話に集中しなければならないこと。なので、いちばん最初に「今日は、こんな話をしようと思います」と、大きなテーマを伝えておくと、安心して参加してもらうことができます。

話はおもしろいことが大事！

ただし、伝えたいことが明確なだけではダメ。

「ああ、いい話だったなあ」と思ってもらうためには、話が「おもしろい」ことが何より大切です。

学校の講義のように、大切なことを話しているのだけれど、集中して聞かないと頭に入ってこない、という状態ではなく、できれば、「へ〜」「なるほど〜」と相手の心にすっと入っていくような話し方をしたいもの。そのために必要なのがストーリー性です。

ストーリー性というのは、そこに「どこかの誰かの物語」があるということ。つまり、人が登場し、その人物のエピソードがあるということです。

単なる説明だけより、そこに「物語」があることで、その話に「時間」や「場面」、そして「人の気配」が加わり、そこで体験したこと、心が動いたこと、気づいたことなどを語ると、聞く人が想像力を膨らませ、映像を聞き手自身がプラスしてくれます。

私もトークイベントなどの後で「あの話が良かったです」と言ってもらうのは、自分についてや、誰かの体験談です。なので、事前に準備するときに要点にプラスして、「ここで、こんなエピソードを話す」ということまで決めておくのがおすすめです。

たとえば、フリーライターという仕事についてトークイベントで話すとき、要点だけだとこんな感じになります。

「フリーライターとは、どこかの会社に所属するのではなく、雑誌や書籍を作るときに契約し、出版社から仕事を依頼されて成り立つ仕事です。

ただし、ライターだからといって、『書く』だけが仕事とは限りません。取材対象を探して、取材許可を取り、アポイントを入れて、誌面の構成を考え、カメラマンに仕事を発注して、撮影に行きます。取材が終わってからも、あがった写真を使ってコンテを作り、デザイナーにレイアウトを発注するという編集的な仕事まで関わることもあります。

そして、最後にやっと『書く』という作業が来るんです」

これを、エピソードを交えて話すと、こんな感じになります。

「フリーライターとして、私が初めて仕事をしたのが、『美しい部屋』というインテリア誌でした。

初めてもらったページは『子ども部屋』でした。そのとき私は、編集部から、『○○に取材に行ってください』と言われると思っていたんです。ところが、蓋を開けてみれば、自分で取材先を探さないといけないと聞いてびっくり！　子どもがいる友達だけでは足らなくて、その友達の友達を紹介してもらいました。いちばん大変なのが、この取材先を探すということでした。

そのときわかったんです。ライターという仕事は『書く』ことだけじゃないって。取材先を探し、構成を考え、カメラマンに撮ってほしい写真を指示して、取材に行き、帰って写真を選び、デザイナーにレイアウトを発注して、いちばん最後にやっと『書く』という作業がやってきます。

でも、たぶん私は、そんな『書く』以前のプロセスも好きだったんだと思います」

後者のように、自分が若い頃に「ライターってこんな仕事だったんだ！」と気づくまでのエピソードを入れたほうが、当時のとまどいや、驚きが伝わって、印象的な話になります。

そして、聞く人も、当時の私の姿を想像しながら、そこに心を重ねながら聞いてくれるというわけです。

聞いてくれる人が持って帰ることができる「まとめ」を

そして、最後にまとめ方を考えます。

「誰かの話を聞きに行く」という行為は、「ふだんの仕事や暮らしで役に立つことを得たい」ということでもあります。つまり、聞いてくれる人は、何かしら「家に持って帰ることができるもの」が欲しいということ。

そのためにも、なんとなく話して、なんとなく終わるのではなく、「今まで話したことから、こういうことが言えると思うんですよね」とか、「こんな経験を経て、私はこんなことを考えました」など、「まとめ」の言葉を用意します。

たとえば、フリーライターとしての仕事の話なら、こんな感じです。

「どんな仕事も、実際にやってみないと本当の内容はわかりません。

私は出版業界に知り合いもいなかったので、どうやったらライターになれるのかがさっぱりわかりませんでした。だから出版社に売り込みに行ったり、インテリア企画の参考に収納セミナーなどに通って企画を立ててみたりと、すべてが体当たりでした。

でも、どんな仕事も、これとあれとをやったから○○になれる、という条件があるわけではないと思うんです。みんな手探りで、トライしながら『わかっていく』。会社員でも、商社がどんな仕事をし、銀行にはどんな仕事があるのか、やってみないと本当のことはわかりませんよね。

そんなプロセスそのものを楽しむのが、自分の仕事をつくるということじゃないかなと思います」

まとめのときには、自分の話だけでなく、自分から少し離れて、みんなが共有しやすい形にすると、聞いている人が「私だったら……」と自分に置き換えやすくなります。

こうして「自分ごと」として話を聞いてもらったとき、それが「聞き応え」というものに変換されて、聞く人の満足感となるのだと思います。

まとめ

何かを伝えるためには、説明よりエピソードで語る

高圧的な人も、馬が合わない人も、緊張して怖がっていると知る

出会った人が、とても気難しかったり、高圧的な態度をとるときがあります。そんなとき、「何、この人？」「変な人だなあ」と思うと、どうしてもそれが態度に出て、眉間にしわが寄ったり、逃げ腰になったり、批判的な受け答えになりがち。それだと余計に相手が意固地になってしまいます。

私もこっそり負けず嫌いなので、そんな人に出会うと、「どうして、私がこんなこと言われなくちゃいけないのよ！」とプリプリしがちです。

でも、何度かそんな人に出会って学んだことは、はね除《の》けたり張り合ったり

するのではなく、まずは「イヤな奴」を丸ごと受け止めることがいちばん有効、ということでした。

程度にもよりますが、たとえ理不尽だと思っても、まずは聞く。「そうですよね～」「なるほど～」とすべてを肯定しながら聞きます。

まずは、相手を丸ごと受け入れてみる

あるベテランスタイリストさんを取材させていただいたことがあります。プライドが高くて、自信満々。「スタジオはここじゃなくちゃ」とか「カメラはあの人に頼みたい」など、わがまま放題。

「く～～～」と奥歯を噛み締めながら、言われたことを全部聞き入れて、その人に丸ごと飲み込まれてみることにしました。

ものすごく大変で、二度とあんな取材はやりたくないけれど、それでも撮影が終わったあと、近所のカフェで、笑顔で今までのキャリアについて、いろん

なことを語ってくださいました。「ああ、心を開いてくれたんだなあ」と感無量でした。

高圧的な人は、ファイティングポーズを取ったまま、こちらに向かってきます。まずはその腕を下ろしてもらうことが先決。「私はあなたの敵ではなく、味方なんです」とわかってもらうことです。そのために必要なことが、あなたのことを全部を受け入れますよ、と示す姿勢です。

きっと彼ら、彼女たちは怖がりなのです。攻め込まれないように、先に攻める！　わがままや高圧的な態度は、「この人大丈夫？」と試すためのジャブ。

そんな人の攻撃を上手にかわすけれど、ノックアウトはされない。そのための手段が「黙って、その人の話を丸ごと聞く」という姿勢です。

時間をかけて、時に笑顔を向けて、「ふんふん」と怖い人の話を聞いていると、ある瞬間にふっと、「あ、相手がガードをさげたな」と感じることがあります。「まあ、そうは言っても、あなたにも都合があるだろうからね」と、こちらの立場に理解を示す言葉を投げかけてくれたり、「人にはいろんな価値観があるっていうことは、わかっているんだけどね」と一歩譲ってくれたり。こうなれば、もうしめたもの。

ある著名な女優さんにインタビューしたときのこと。当時の私はライターになりたてで、インタビュー中はレコーダーで録音をする、ということさえも知りませんでした。ノートとペンを持って話を聞こうとすると、「え？　レコーダーも持ってないの？　大丈夫？」と不審な顔。

さらに、その雑誌のテーマに関しても「そんなこと考えたことないし」と、こちらに歩み寄ってくれる気配はありません。

よっぽど、もうインタビューを中止して切り上げようか、と思いましたが、「すみません。私、経験が浅いもので」と謝罪して、少しずつ身近なところから質問を重ねていくと、ポツポツと話をしてくれるようになりました。

必死にメモを取ってまとめた原稿には、彼女からの修正はほとんど入らず、ほっとしたことを覚えています。

あれから30年近くの月日が経って、自分がインタビューをしてもらう立場になりました。そこでわかったのは、取材時に会う人への信頼感の大切さです。その日、初めて会う人に対して、「この人は、私のことをわかってくれるだろうか？」と不安を感じるのは当たり前。そんな状況下で、レコーダーを持っていなかったあのときの私は、相手の不安を、より増幅させてしまったというわけです。

でも、誠意を持って接して、「あなたのことをわかりたいと思っているんです」と伝え続けたら、少しずつ心を開いてくれました。

インタビューのはじまりには、会話がぎこちなくなりがちです。それは、「この人は、心を開いて話すに値するかどうか」と相手が様子をうかがっているから。私も緊張するけれど、相手もきっと緊張し、怖がっていると意識しておくことは、とても役に立ちます。

どんなに偉い人でも、どんなに年上でも、どんな有名人でも、最初は不安で緊張するもの。最初から信頼してもらえるわけではない。そんな前提を踏まえておけば、相手の表情が硬いことにオロオロしたりせず、会話がなめらかに進まなくても当たり前、と自分に言い聞かせることができます。

そして、自分を落ち着かせながら、最初はちょっと雑談をしたり、本題とは関係のない、その場に飾ってある小物のことを話題にしてみたり、近所のおいしい店のことを語っているうちに、少しずつ場が温まってきます。

ガードが堅い人ほど、それを解いた後に、とても面倒見がよかったり、姉御肌で優しかったりするものです。ただし、そのプロセスはとても時間がかかります。急がないで気長に付き合う。それが気難しい人や無愛想な人と向き合うのに、いちばん大切なことだと思います。

とは言っても、自分が傷ついたり、これ以上付き合ったら心がすり減ってしまうなと感じたりしたら、付き合いを諦めて、踵《きびす》を返して相手の前から立ち去ることも大事です。

苦手なタイプの人には、扉1枚だけ開けておく

友達同士や、仕事仲間でなんとなく「馬が合わない」という人がいます。

若い頃は、「みんなに好かれないとイヤ」「どんな人とでも仲良くならなきゃ」と思っていたけれど、歳を重ねた今は、「気の合う人とだけ会えばいい」と思っています。

でも、同じ仕事に関わるスタッフや、ママ友の仲間の一人など、避けられない人も確かに存在します。

昔は「どうしてあの人、私の言うことに反対ばかりするのかな?」とムカついて、「負けるもんか」という姿勢で接していたけれど、最近では「世の中には、いろんな人がいるもんだ」という呪文を唱えるようになりました。

仕事の打ち合わせで、自分とは真逆の意見を言う人もいます。「それはちょっと違うと思います」と自分の意見にダメ出しをされることもあります。

若いときは、そのことにいちいちカチンときたり、あるいは落ち込んだり。でも、真逆の意見があるからこそ、「それはどういうことかな？」「どうしてそれが必要だと、この人は言っているのかな？」と考えるきっかけになります。「そうだよね〜」「そうそう、その通り」とひとつの意見にまとめることはラクだけれど、「違う意見」を言ってくれることで、そのトピックに裏から光を当てて検証できます。

何度かスタッフ間の意見の食い違いを受け入れて、「違う意見を言ってくれるって、じつはありがたいことなんだ」ということに、やっと気づきました。

一人では、どうしても偏った視点になり、ひとつの価値観でしか物事を判断できなくなります。でも、育った環境も、今までの仕事のキャリアも、関わってきた人間関係も違う人は、物事をまったく違う価値観でジャッジします。

そんな複数の視点を手に入れる、というのが、人と話をすることの大きな意味。だったら、「違うこと」を悪いこととせず、どんどん取り入れていくほうがお得です。

さらに会議の席で、「え〜、それ、違うと思う」と厳しく言った人と、会議が終わった後、ちゃんと仲良く話せる、ということも経験しました。

違うのは意見であって、その人との付き合いが行き違っているわけではない。つまり、意見が違う人とでも仲良くできる、ということです。

ただし、なんとなく「気が合わない」という人とは「仲良く」まではなれません。そんなときには、自分の扉を1枚だけ開けておくことがおすすめ。

人間すべての人と仲良くなれるわけではありません。だったら、合わない人と無理して合わせなくてもＯＫ。ただし、全部の扉を閉めてしまうのではなく、1枚だけ開けておくのです。

たとえば、会う機会があったとき、自分からひと声かけてみます。「そのバッグ、素敵だねえ。どこの？」とか「この前の企画、めちゃ良かったよ」とか「いつも提出してくれるあの書類、どんなソフトで作ってるの？」など。

こちらから、ひと声話しかけることで、相手は「この人に拒否されているわけではなさそうだな」と感じ取ってくれるはず。すると、何か必要なことがあったとき、相手も扉を1枚だけ開けてくれるようになります。

こんな「扉1枚分の付き合い」でいい、と割り切ると、人付き合いがぐんとラクになります。

どんな人とも仲良く話せるようになるのは難しいけれど、相手から欲しい会話を引き出すために必要なのは、まずこちらから歩み寄るということ。自分を映す鏡のように、自分の心の開き方で、相手の態度が変わってきます。

まとめ

苦手な人との付き合いは、
自分の心を開く幅で調整を

自慢話は、してもいいけれど素早く切り上げることがコツ

友達と気持ちよくおしゃべりした帰り道、「あれ？　なんだか私、自分の自慢話ばかりしていたなあ」と感じることはありませんか？

「へ～」「すご～い！」という友達の相槌《あいづち》に、だんだん気持ちが良くなって、自分が仕事でいかに頑張ったかや、行ったことがある素敵なお店のことをついペラペラと話してしまう……。話すときに気をつけなくてはいけないのが、この「私って偉いでしょオーラ」です。

もちろん、人には誰でも承認欲求があります。自分が成し遂げたことを人に

話すことで、「よくやったね」「頑張ったね」と言ってほしい。それ自体は、自然な欲求なので、無理にやめることはないと思います。

いろいろな人と話をしながら、「あの人感じいいな」と思う場合と、「なんだかイヤな奴」と思う場合があります。その差は「かわいらしさ」にあるのではないか？と思うようになりました。

どんなに自慢話をしても、「ふふ。かわいいな」と思う人がいます。自分の奮闘記を一生懸命語ってくれて、「ね、私頑張ったでしょう？」と笑って同意を求められると、「うんうん、よく頑張ったねえ〜」と頭を撫でてあげたくなります。

逆に「いやいや、私なんて、そんなに大した人間じゃないし……」と必要以上に謙遜する人は、「本当は、大したことをやってるぞ！と思っているくせに！」と、つい意地悪な目で見たくなってしまいます。

「感じがいい」「悪い」の違いは、相手より上に立ちたいと思っているかどうか。

「あなたたちより、私のほうがずっと頑張ったんだから」と相手と比較して、「私のほうが上」という立場に立ったとき、とたんに「感じが悪い話」になってしまいます。

謙遜しすぎるケースも、「先回りして自分を下げる」ことで、「私って、身の丈を心得た人なんだから」という暗黙のアピールとなって、いい印象を与えません。

つまり、感じよく話をするには「勝ち負け」を持ち込まないことがポイント。大抵の人は、無意識に自慢話をするもの。だからこそ「今の私の話、独りよがりになっていない？」「無意識に、相手より上に立とうとしていない？」と自分で自分にチェックを入れることが大事です。

そして「あ！ 言っちゃった！」と気づいたら、「ハハハ、ちょっと偉そうだったかなあ」と早めに話を切り上げると、かわいらしい自慢話に収まります。

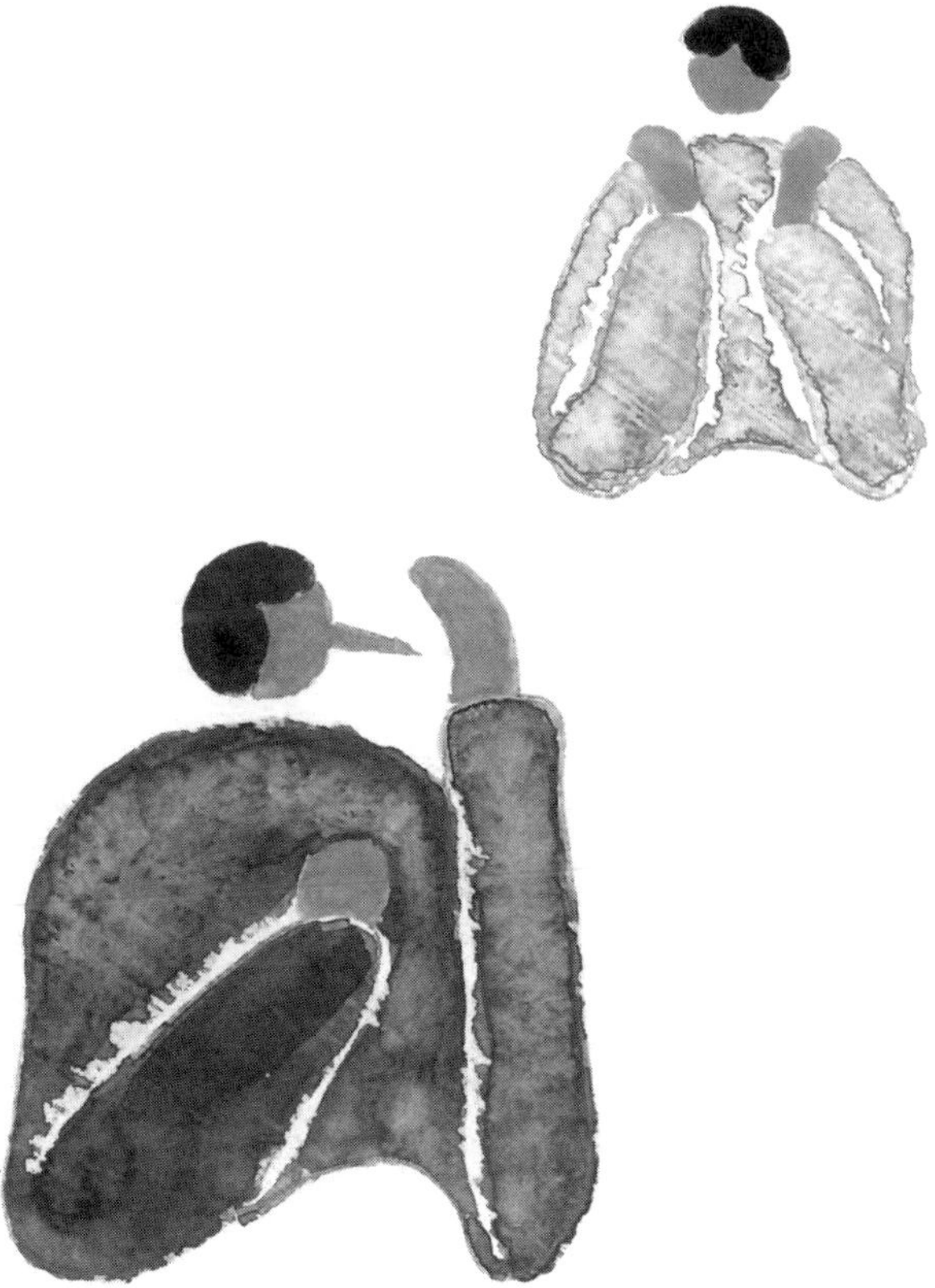

自慢話は切り上げどきが大事。かわいく短く自慢したら、切り上げて次の話題へ。そうすることで聞いてもらえた満足感を得られ、相手も話題のひとつとして受け取ってくれる。

自慢話をした後は、必ず隣の人に質問してみる

自慢話をしすぎないためのコツは、自分が話した後に、話題をくるりとひっくり返して相手に話を振る、ということです。

自分が話したことだけで完結するのではなく、「どう思う？」と相手に問うてみます。

たとえば、年下のスタッフと仕事の話をするときは、こんな感じです。

私「私は、出版業界にコネも何もなかったから、フリーライターになったとき、まずは本屋さんに行って、好きな雑誌を見つけて、最後のページに書いてある編集部の電話番号を見て電話をして、売り込みに行くことからはじめたんだよね。

そうやって、いろんな出版社を回って、雑誌の仕事をゲットして、仕事を増やしていって。そんなの恥ずかしいなんて言っている暇はない。それぐらい必死だったかな」

このままだと、後輩は「へ〜。そうだったんですか」と言うだけで終わってしまいます。

そこで、会話をつなげるために、こんな質問をしてみます。

私「今は、ウェブが中心になってきているから、売り込みの仕方も変わってきているのかもね。○○さんは、今の仕事はどうやってはじめたの？」

こうして相手の立場に立った質問をひとつするだけで、今度は話し相手が、自分の仕事について話をはじめることができます。

自慢話ばかりする人がいたら、話の「回し役」を引き受ける

逆に、数人で話をしているときに、誰か一人だけが自分の自慢話ばかりして

いる、という状況もあります。その一人の独壇場になって、まわりの人はすべて聞き役というパターン。

そんな場合は、思い切って自分が話の「回し役」になってみるというのはどうでしょう？

話し上手な人に真っ向から立ち向かって、対等な「相手役」になるのはハードルが高いものです。そんなときには、その人の話を受けて「○○さんはどうだったの？」と、ほかの人に質問を向けてみます。

Aさん「この前のイベントでは、出展者のほとんどに私が声をかけて集まってもらったんだよ。こういうイベントをするときには、やっぱり人脈が大切。それってふだんからの信頼関係が大事なんだよ」

こんな話をはじめたAさんは、ひたすら自分の人脈の自慢話を続けます。

そんなときに「回し役」（＝Bさん）になると、こんな感じです。

Bさん「そういえば、Cさん、Aさん主宰のイベントに行ったって言ってたよね？何かいいもの買えた？」

Cさん「ふだんはお店がなくて、ネット販売しかしていないというパン屋さんのパンをゲットできてすごくうれしかったのよ～」

Bさん「へ～、やっぱりおいしかった？」

Cさん「めちゃくちゃおいしかった！バゲットがパリッとしてて、本格派なの」

Bさん「パンといえば、Dさん、この前、長野のあの有名なパン屋さんに行ったって言ってたよね？」

Dさん「そうなの～。車で4時間もかかったけど、森の中にぽつんと建つ一軒家で、買ったパンを庭で食べられるの。気持ち良かったよ～」

こうして、話を少しでも遠くへ遠くへと振っていくうちに、Aさんの「人脈自慢」から、話題がどんどんそれていき、Aさんは口をつぐむしかなくなってきます。すると、みんながイヤイヤ自慢話を聞き続ける、という状況から脱出できて、いろんな人が発言し、会話が回る楽しい時間へと変えることができます。

誰か一人の自慢話になっているとき、そこに割って入るのはなかなか勇気がいるもの。でも、黙っていたら、最後までみんながずっと聞き役にならなければいけません。

Aさんの話を無理やりさえぎるのではなく、あくまで「続き」として、まわりの人に質問を投げかけ、次の質問では、もう一歩遠くへ離れ……と少しずつ、Aさんの話の内容から遠ざかるように、みんなを会話の中に巻き込むのがおすすめです。

「自慢話はNG」と封じ込めてしまうより、できれば上手に自慢話をし、上手に自慢話を聞けるようになりたいもの。

そのためにも、ほどよく「偉かった自分」の話をおもしろおかしく人に聞いてもらい、相手のすごいところを「ほ〜!」と聞き、互いに承認欲求を満たし合ったら、次の話題に行くのがおすすめ。すると、みんなが気持ちよく互いを褒め合って、イヤな気持ちになることなく、その場を楽しむことができます。
そんなさらりとしたスピード感こそ、自慢話をエンジョイするコツかなと思います。

まとめ

「自慢話をしている」と意識できれば
切り上げどきがわかる

「話さない」という選択と「話す」なら軽やかにというバランス

「話す」ことと同じぐらい大事なことが「話さない」という選択です。

私には忘れられない苦い思い出があります。

高校生の頃、同級生のSくんが、ひとつ年下のAちゃんと付き合いはじめました。たまたま私は友人のK子とごはんを食べに行き、その話題になったのです。「あの二人、今度旅行に行くらしいよ」と、私は聞いたばかりの情報を何気なくK子にしゃべったのでした。

数日後、私はSくんとAちゃんに呼び出されました。なんだか二人とも難しい顔をしているのです。何事？と思って話を聞くと、「私たちが旅行に行くことしゃべったでしょ！」と……。

なんとK子は、私から聞いた二人の旅行の話をお母さんにしたらしい。そしてK子のお母さんが、Aちゃんのお母さんにそのことを報告したらしい。

「どうして人のこと、そんなにペラペラしゃべるの？」と二人から詰め寄られ、私はぐうの音も出ませんでした。小さな声で「ごめん」とつぶやくだけで精一杯。

自分に置き換えてみても、もし内緒で彼との旅行を計画し、親にバレたら、それこそ、えらいこっちゃ！です。まさか、K子が母親にそんな話をするなんて思ってもいなかったけれど、よく考えたら、確かに最初に秘密をばらしてしまった私が悪い……。

以来、仲が良かったSくんとも顔を合わせづらくなり、私はそのグループの集まりからも足が遠のいてしまいました。

そんな痛い経験を経て、強烈に思ったのでした。人の秘密話は絶対に他言しないって。

これは当たり前のことかもしれませんが、きちんと意識しないと守るのはなかなか難しい。噂話は蜜の味！

「じつはさあ〜」と誰かのあのことを話して、「え〜！」「そうだったの〜」と盛り上がるのは楽しいものです。けれど、「あなただけに言うんだから、絶対ほかの人に言っちゃやだめだよ」と釘を刺しておいても、絶対に話は広まります。

そして「イチダさんがそう言ってた」と本人の耳に入るのは時間の問題です。

だからこそ、自分の中でピシッと最優先の決め事として心することが大事。

内緒の話、とくに男女の仲に関する話題は他言無用です。高校生の頃のあの体験が、その後の私の「話さない」選択の力となりました。あのとき痛い思いをしておいて、本当に良かったと今では思います。

秘密の話は必ず伝わる

ときは流れ、今から15年ぐらい前のこと。

一緒に仕事をしている編集者Wさんに好きな人ができました。私は夫に「Wさんって、Nくんのことが好きなんだって〜」と話をしておりました。身内だったらいいかなと思っていたのです。

ところが……。我が家で食事会を開いたとき、WさんもNくんも来てくれて、仲間と一緒にわいわいごはんを食べたり、飲んだり。楽しいひとときを過ごしてお開きとなりました。

数日後のことです。Wさんが「イチダさん、Nくんのこと、ご主人に言ったでしょう？　いくらご夫婦でも言わないでほしかった……」と悲しそうな顔をして言うのです。「えっ？」と驚いたワタクシ。

どうやら、みんなを送り出すとき、夫がWさんに「Nくん帰っちゃうよ。早く追いかけなくちゃ」みたいなことを言ったらしいのです。

なんて余計なことを！と思っても、後の祭り。もちろん夫に「なんでそんなことを言うのよ！」と激しく抗議したけれど、このときにも学びました。たとえ夫婦の間でも、しゃべってはいけないこともあるって……。

以来、家族間でも、話してはいけないことを意識するようになりました。母が父に内緒で私に話してくれたこともあるし、妹が両親に知られたくないこともあります。

姪《めい》っ子に彼氏ができたこともそう。姪っ子は「のりちゃんだけに」と私を信頼して話してくれたからこそ、家族にも言うわけにはいきません。母が「○○ちゃん（姪っ子）は結婚できるかしら……」と心配している声を聞きながら、「じつは彼氏できたんだよ」と話してしまえないことが心苦しくもなります。

でも、本人が本当のことを伝える時期を待つしかない……。

「話さない」ことは、その人との間の信頼を育むことなのだと思います。

悪口は、その人の一部分だけにとどめる

人の悪口を言わない、ということも同じです。

「悪口」は、言っているつもりがないのに、気がつくと話している……という

状態がほとんど。正直に告白すれば、私も「あの人ったらさあ」とよく話していた気がします。

それをやめよう！と決意したのは、ある友人のおかげです。あるとき、数人でごはんを食べていると、誰かが会社のスタッフの悪口を言い出しました。

「もういろんな注文が細かくて……」と。「いや～、すぐそばにいる人が細かいと大変ですよね～」「大きな視点で見てやらなくちゃいけないこともありますよね～」と同調する人が多い中、その友人が「でも、ありがたいですよね～。そうやって言ってくれるのって」とつぶやいたのです。悪口大会になりかけていた場の空気がさっと変わりました。

「あの人細かくて」というマイナスポイントを、「でも、そう指摘してくれる人がいるってありがたい」とプラスにひっくり返して受け取る。その視点に、プラスのメガネをかけて物事を見る大切さを教えられました。

「悪口を言わない」ために必要なのは、「話す」「話さない」より、もっと手前にある、人をどうジャッジするか、ということとつながっています。ただ、自分の心の在《あ》り方を変えるということは難しいもの。

だったら「悪口を言わない」という行動を先に変えれば、人との接し方が少しずつ変わってくるかもしれません。

とは言っても、人付き合いの中では、理不尽な思いをしたり、我慢したり。そんなときには悪口のひとつも言いたくなります。「も～！」と腹を立てていることを、ずっと自分の中に持ち続けていると、どんどん発酵してしまいそう。そんなときには、早めに外に出してしまうのもひとつの手かもしれません。ずっと内に秘めておくと、たったひとつの相手の欠点が、どんどん膨らんで、その人の人格にまで作用してしまいます。

「もう、あの人いっつも遅刻してきてイヤになっちゃう。きっと待たせることを全然悪いと思っていないんだよね。待ってもらって当たり前。そんな甘えたところに腹が立つ！」といった具合です。

ここまで重症になる前に、「もう、あの人いっつも遅刻してイヤになっちゃう。

待ち合わせの時間を10分早めに伝えとこうかな？」と冗談を交えて外に出すと、誰かに聞いてもらった、という事実だけで満足するし、「そうなんだよね〜」と同調してもらうだけで、イヤなストレスを忘れられたりします。

大事なのは、悪口はその人の「部分」だけにとどめて、「その人そのもの」に攻撃の矢を向けないこと。「そうは言っても、愛すべきところもあるんだけどね〜」と笑いながら、悪口を言えるようになりたいものです。

まとめ

誰かの秘密は話さない。
誰かの悪口はあっけらかんと言う

自分のことを話すときは、立派なことじゃなくていい。「負けてみる」という意識を

仕事柄、インタビューをすることに慣れているので、友人たちとおしゃべりしていても、相手のことを知りたくなって、質問をたくさんしてしまい、「聞き役」に回ることが多くなりました。

「イチダさんと話していると、つい自分のことばかりしゃべっちゃって……」と言われるたびに、「お〜、私ってやっぱり聞き上手なんだ！」と、ちょっと得意気になったりしていたのでした。

でも、たくさん話を聞いて「あ〜、おもしろかった」と思う反面、「私の話、

ぜんぜん聞いてもらえなかったな」と一抹のさびしさを感じるのも事実。それを「みんな、質問が下手だから」と思うのは、どうやらお門違いのようです。

聞き役に回るだけでなく、自分のことも話せるようになる

大勢での会話の中でも、「ちゃんと自分の話をする」という意識を持つことは、とても大事。会話はキャッチボールとなって初めて、両者が「ああ、楽しかった」と思えるものです。「私は話すことが苦手だから」「私の話なんて、取るに足らないし」と尻込みする人も多いようですが、思い切ってひと言発するか発しないかで、「人と出会う」という意味がまったく違ってきます。

会話に、思い切って「私」にまつわるエピソードを差し込むコツは、「負けてみる」こと。

「ああ、こんな私のことなんて、みんなおもしろくないだろうからなあ」と尻込みしてしまうのは、裏を返せば「立派な話をしなくちゃ」「みんなにへ〜っ

て思ってもらわなくちゃ」と、気づかぬうちに自分をよく見せようとしているから。

まずは、その思い込みを外すことが、最初のひと言を発する力になります。取るに足らない話でも、トンチンカンでもいいじゃない！ということです。

以前、友人のHさん宅に遊びに行ったときのこと。自称「聞き上手」の私は、最初は彼女の近況をあれこれ「へ〜！」「ほ〜！」と聞いておりました。

そろそろ帰る時間が近づく頃、最後の最後に思い切って、その頃悩んでいた私のウェブサイトでの新たな展開について、ぽろっと「どうしようかと思っているんだよねえ」と話してみたのです。すると、「え〜、それはねえ」とHさんは真剣に解決策を考えてくれました。そして私がまったく考えもしなかった案を、「こうしたらいいんじゃない？」と提案してくれました。

「お〜！ それいいねえ〜！」と私は大興奮！ 帰り道も「だったら、こうしたらいいかも」「それなら、ああもできるよね」と新しいアイデアがどんどん湧いてきて、「話してみて良かったなあ」としみじみ感謝したのでした。

Hさんは私より10歳年下です。私はいつもお姉さんぶって、あれこれ話を聞いたり、なぐさめたり、アドバイスをしたり。今から思えば、その会話の方向性はいつも上から目線だったよなあ。でも自分が悩んでいたり弱っていたら、ありのままを出してみると、必ず受け止めてくれる……。何度か相談をするうちに、そのことを信じられるようになりました。

つまり、いつもお姉さんじゃなくていい、いつも先輩じゃなくていい。ときには妹になって、後輩になって、「できない」「わからない」と言っていい、ということが、ようやく実感として理解できたというわけです。

自分の弱さを開示するからこそ、人は共感してくれます。オロオロする思いに一緒に心を重ねてくれるだけで、どれほど心強くほっとすることか！　相手の思いを「受け取る」気持ち良さを一度体験すると、どんどん自分の話ができるようになってきます。

だからこそ、「負けてみる」ことが大事。なんにもできない、とホールドアップして、自分をゼロにして、相手に託してみる。そうやって、ボールを投げるからこそ、相手が投げ返してくれます。

自分が「してもらう」ことのほうが、「してあげる」より難しいなあ、といつも思います。そこには、相手への信頼感が必要です。

でも、いつも会って、いつも話している相手だからといって、信頼できるわけではありません。当たり障りのない話なら楽しくできるけれど、本当に困ったとき、この人は私を助けてくれるだろうか？ そんな信頼感は、「受け取ってもらう」体験によって育ちます。

最初からは無理でも、少しずつ自分の本音を小出しに話してみる。それに対する温かい返事によって、ちょっとほっとする。そんな繰り返しの中で、与え、与えられる、という本物の会話が育ちます。

「言ってもどうせ通じない」と諦めない

自分の話をする、ということは、自分の日常を会話の相手とシェアする、ということです。「この間、こんなことがあってね」と、互いの暮らしや仕事の経験を持ち寄って分かち合う。そうすると、相手の話と私の話が少しずつ重なり合って、化学反応を起こしはじめます。これが、誰かとおしゃべりする、というおもしろさ。

だとすれば、材料は多ければ多いほど多彩な反応が起こるはず。だから「私なんて」と黙っているともったいない！

あの人は大根を、私はにんじんを、こっちの人は鶏肉を、と材料をまな板の上にのせて、みんなで切って鍋に入れ、ぐつぐつと煮込んで、おいしい料理を作る……。自分のことを話すのは、そんな材料を提供することになります。

まったく違う立場や仕事の人とでも、「きっと言ってもわからないはず」と諦めないで話してみると、思いがけない共通項が見つかったりします。

先日、公務員として市役所に勤めているという人と話をしました。

彼女はお金を貯めて旅に出るのが何より好き。仕事はお金を稼ぐため、と割り切っていました。

好きなことを仕事にしている私は、フリーランスではあるけれど、仕事優先で、なかなか自由に旅に出ることができません。一見真逆に見える立場だけれど、彼女が日常を抜け出して旅先で感じる「自由な時間」と、私がなんとか仕事を片づけて手にする「何もしない時間」には共通項がありました。

「なるほど〜」と相手の話を聞きながら、そして「私の場合は」と話しながら、その接点が見つかったとき、ワクワクします。世の中は多様性に満ちています。いろんな角度からものを見る、という体験によって、ひとつの真実が多面体へと磨かれていく……。そんな実感こそ、会話の醍醐味《だいごみ》。

私はワークショップをときどき開催しますが、一方的にこちらの話をするよりも、参加者のみなさんに自己紹介をしていただくなど、ひと言ずつでも話してもらったほうが、ぐっと参加者一人一人の満足感がアップする、ということがわかってきました。

「私はふだん、こんなことをしています」とか「今、こんなことに興味を持っています」などなど。ドキドキしながらも、話し終わるとにっこりされるみなさんの顔を見ていると、話を聞いてもらう、という体験は、自分の暮らしや生き方を認めてもらう、ということとイコールなのだと知りました。

誰もが聞いてもらいたいし、知ってもらいたい。そんな心の底に眠っている本音に素直に耳を傾けて、「あのね、私はね」と語り出してみると、まわりにいる人って、思っているよりずっと優しいと信じられる気がします。

まとめ

相手に遠慮しすぎず、自分のことをちゃんとわかってもらうために話す

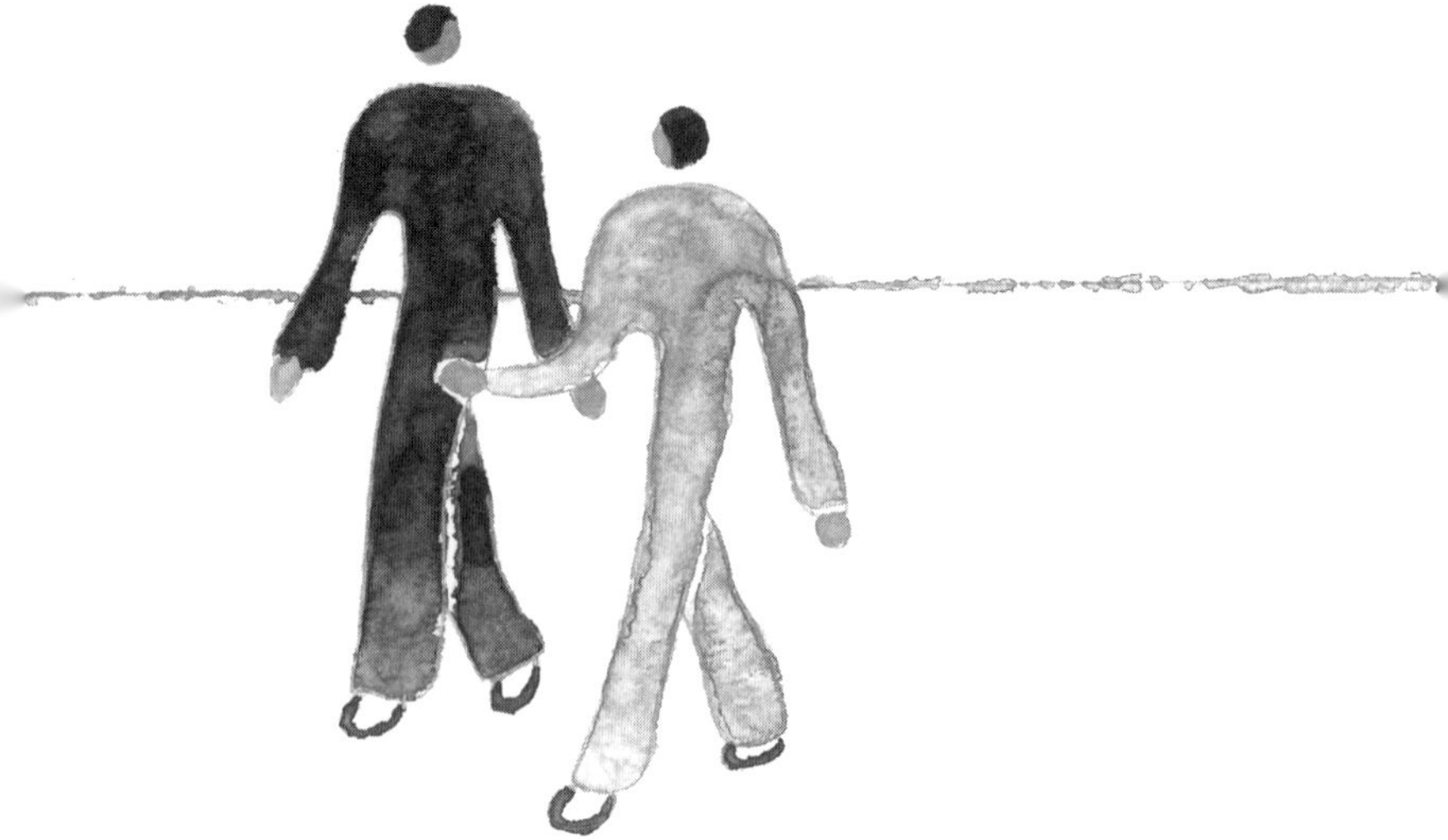

二章

話し方で もっといい自分になれる

話すことは自分の中へ潜ること。そして、相手との違いに学ぶこと

友人や仕事仲間と話をしていて、きちんと自分のことを話せたなあと思える日は意外に少ないのではないでしょうか？

みんな「この前こんなお店に行ってさ」とか「仕事でこんなことがあってさ」など、日常で「あったこと」「起こったこと」をなんとなく話すものです。

そこからもう少し会話が弾み、「仕事で会ったあの人に、こんないいことを聞いて、仕事と暮らしのバランスについて、ハッとさせられてね」とか「この前読んだ本に、こんなことが書いてあって、思わずこれから先のことを考えさ

せられたわ」など、内容が深まってくると、「私はこう思った」「私の場合はこんな感じ」と、自分のことを話しはじめます。

いろいろな話をしながら、私たちは経験したこと、考えたことを整理し、「あの経験はこういうことだったんだ」と自分で発見しながら、それを言語化して、他人に伝えています。

つまり、「話す」と「わかる」が同時進行で進んでいるということ。

誰とでも深い話をするわけでもないし、いつも濃い話をしようとすると疲れてしまいます。でも、話し終えて、「私ったらそう考えていたんだ！」と、自分の引き出しの隅っこに、真実という名の宝物が眠っているのを発掘したとき、「ああ、あの人と話して良かったなあ」と深い満足感を味わうことができます。

「話す」というと、誰かに何かを伝えるため、と思いがちですが、じつは、もっと大事なのが、自分が自分のことを「わかる」という作業でもあるということなのです。

意外に大きい！　相槌の力

高校生の頃、キッチンで夕飯の準備をしている母の横で、あるいはワイドショーを見ながらアイロンがけをしている横で、学校であったことや、友達のこと、将来のことを話していたなあと思い出します。

何をしゃべったのか、その内容はほとんど覚えていないけれど、話した後に「ああ、すっきりした！」と思った感覚は、鮮明に思い出すことができます。

多感だった時期、まわりの人とちょっと違う自分の特性や、○○ちゃんにいじわるされたことなど、胸の中にあったもやもやを、私は母に聞いてもらいながら整理していたんだなあ。

「話す」ことは、言語化するということです。つまり「思い」に「言葉」を与えるということ。言語化しながら自分を掘り下げる作業は、「書く」ことと似ています。

でも、大きく違うのが「書く」作業は一人ですが、「話す」のは相手がいるということ。

話し相手の役割のひとつは、「相槌」を打つことです。相手の問いに答えたり、悩みに対してアドバイスをするより前に、「それで？」と言葉を挟んで、相手の話を進めます。「ふ〜ん」「それから？」「へ〜」という相槌は、一見何も語っていないようで、大きな力を秘めています。

たとえば高校時代、私が母に話していたときには、こんな感じです。

私「この頃○○ちゃんとなんだかうまくいかないんだよね」
母「どうして？」
私「○○ちゃんは、すぐ『私のほうが上手にできる』って自慢するところが嫌いなんだよ」
母「なるほどね〜」
私「ということは、私は○○ちゃんに負けたくないってことなのかなあ」

母「そうだねえ」
私「別に負けたっていいって思ったら、ラクになるのかなあ」
母「そうかもしれないねえ」
私「私って、やっぱり負けず嫌いだったんだ。勝ち負けだけで人と接するからしんどいんだよね」

母はアドバイスをしてくれたわけでも、答えを出してくれたわけでもありません。でも、私はその相槌によって、どんどん思考を進めて、自分で答えに辿《たど》り着いていきました。

一人だけで自分の中に眠っているものを掘り出すのは、なかなか難しいもの。そんなとき、壁打ちの「壁」になってくれる相手がいるだけで、打ったボールがはね返ってくるようになります。

考えをひとつ前に進めたと思ったら、またボールが返ってくる。すると、もう一歩先を考えようとする……。

会話を続けることで、相手の言葉によって自分のふんわりしていた思いがくっきりと見えてきて、やりたいことや目指すゴールが明確になる。

つまり、相手がいて話に耳を傾けてくれ、相槌を打ってくれることで、自分を掘る駆動力もスピードも、ぐんとアップするというわけ。

誰かと話をするとき、悩みを打ち明けて、ドンピシャの答えを受け取るということは、なかなかありません。それよりも、話しながら、自然に自分の中でこんがらがっていたあれやこれやが片づいて整理され、「あっ、そうか！」と気づく……。それこそが「話す」ことの大きな収穫です。

私とあなたは違う。そこから会話が回り出す

相槌から少し踏み込んで、相手が意見を言ったり、感想を伝えてくれることもあります。

自分ではない他人の話を聞くということは、「違い」を知るということ。たとえ「そうそう、そうだよね」と共感してくれる場合でも、その言葉は、私ではない他人の経験から生まれています。「ああ、そういうふうに感じるのか」と、

相手の言葉から知るのは、「違い」です。

たとえば、友人と親の介護について語る場合。

私　「親が歳をとってくると、心配なことが増えるよね」

Aさん「そうだね。うちは母が一人だから、最近ヘルパーさんに来てもらってる」

私　「東京で一緒に住むとか考えない？」

Aさん「実家近くには母の友達もいるからね。私も仕事があるし、ずっと面倒見られないし」

私　「ヘルパーさんで生活は回っているの？」

Aさん「週2回だけだから、難しい場合は近所の友達に手伝ってもらっているみたい」

私　「そっか。ときどき様子を見に行ったりするの？」

Aさん「どうしても用事があれば帰るけれど、今はまだできることは自分でやるって言ってるんだよね」

私は母が一人になったら、一緒に暮らしてもいいかなと考えていたので、彼女の割り切りっぷりに驚いてしまいました。親を心配する思いは同じでも、自分がどう行動するか、という考え方は人によってずいぶん違います。

でも、こうやって人の話を聞くことで、私の中で「母と一緒に暮らす」ということ以外に、もっと別の選択肢があることを知ります。

身の回りのささいなことに、別の理解があることを知る……。それは、すでに自分が持っている思考に、裏側から光を当てることでもあります。

誰かと話をして、相手の言葉を聞くことで、いつもは表しか見ていなかったものを裏返し、再度点検し、新しく考え直してみる。すると自宅に帰った後、新しい思考のエンジンがかかる気がするのです。

自分の中を掘るにしても、人の言葉で違いを知るにしても、話すことのすばらしさは、誰かの力を借りるということです。一人ではできないことが、話し相手がいることで、できるようになります。だからこそ、友人たちと話をするとき、その力を利用しない手はありません。

ときには意識して、相手の力を使って自分の中にぐっと潜ってみる……。そんな技が使えるようになったら、人と会うことがもっと楽しくなりそうです。

まとめ

誰かに話してみるのは、壁打ちと同じ。
自分の思いを再確認する作業

自分にとって「しょ〜もない」ことも誰かに手渡せば輝き出す

1年ほど前からポッドキャストで「暮らしのおへそラジオ」をはじめました。私が企画編集を手がける雑誌『暮らしのおへそ』のプロモーションのひとつとして、編集担当の木村愛さんと二人でおしゃべりし、2週間に一度、日曜日の夜8時に配信しています。

月に一度の収録では、もちろん本の紹介もするけれど、私たちの日常の話がほとんど。夕飯に何を作るかだったり、面倒くさい掃除をどうやって続けるかだったり、旅の話やおしゃれの話、さらには人間関係のストレスや親の介護のことまで。

自分にとって当たり前の話も、誰かにとっては新鮮

はじめたばかりの頃は「こんな内容で、果たして聞いてくれる人はいるかしら?」と思ったものの、意外にも「いつも楽しみにしています!」と言ってくださる方がたくさんいらしてびっくり!

「もっとみんなの役に立つ内容じゃなくていいかな?」「聞いて良かった、と思ってもらえる〝いい話〟をしなくちゃだめかな?」と思いながらも、いたって普通の話をだらだらと続けています。

そんな中でわかってきたことがあります。それは、自分にとっては当たり前の日常も、「誰かにとっては新しい発見」なのだ、ということ。

一田家の定番料理3つだったり、毎日、朝起きたら、拭き掃除をしながら家中の出しっぱなしのものを片づけることだったり、親に週に一度電話をするこ

とだったり。

一方愛ちゃんは、3人の娘さんのごはん作りが大変で、とりあえずお腹を満たすために、おかずの前に焼きそばをちゃちゃっと作って出しておくことだったり、思い切って人気家具ショップ「トラック・ファニチャー」のソファをエイッと買ってみたら、まるで天国のような座り心地だということだったり。

互いに「へ〜、それおいしそう！」「なるほど〜、そうやってするのね」と、話している私たちの間でも、おもしろおかしく聞き合いっこをしています。

つまり、自分の中に持っているだけだとなんの価値も持たないあれこれが、誰かに話すことで、「なるほど〜！　そんな簡単でいいんだ」という気づきになったり、「へ〜、私も真似してやってみよう」と、相手の毎日を変える力になったりする、ということなのです。

これは、ラジオのような大勢の人へ向けた発信でなくても、ふだんの生活の中の、すぐ近くにいる誰かとの会話でも同じじゃないかなあと思います。

たとえば、よく一緒に仕事をしているUさんは、マラソンが趣味です。朝、自宅から会社まで走っていること。週末は、近くにスーパー銭湯があるところをゴールに設定し、20㎞ほど走ってからお風呂に入り、さっぱりしたらモーニングを食べて帰る、ということ。長く走るには、無駄な動きをできるだけしないよう、フォームを固めることが大切で、ランニングコーチについてフォームの改善をしたことなどを、とても興味深く聞きました。

私はマラソンは到底できないけれど、夢中になることをひとつ見つけて、それによってふだんの生活がどう変わり、どう気持ち良くて、それが人生の糧になっているか、そんな話を聞くことがおもしろくて……。

フリーランスのライター仲間のWさんは、最近投資信託をはじめた、と教えてくれました。

今持っているお金を少しでも増やしたほうがいい。そのためには投資の知識がそこまでなくても、信頼のおける資産運用会社を見つけるのがおすすめなのだとか。「コツコツと続けることがいいんだよ。大事なのは、今からはじめること」と聞いて、自分の家計管理を見直すきっかけとなりました。

きっとUさんもWさんも、生活の中で自分のために小さな工夫を積み上げてきただけで、それを誰かに話すつもりなんて、さらさらなかったのだと思います。でも、私にとってそれらは、とても大きな刺激や発見になったし、大切な宝物を手渡してもらった気がします。

「話す」ということは、こうやって「自分の当たり前」を「誰かの発見」に変換する力を持っているなあと思います。

話すことは、経験を交換するということ

私が主宰するライター塾の卒業生だけが入ることができる、オンラインサロン「ライター塾サロン」を運営しています。

現在40名のサロン生が、暮らしの中で見つけた、ちょっとしたことを文章に綴って投稿。誰かの文章を読んで、思ったこと、感じたことを互いにコメント

し合います。せっかくライター塾で学んでもらったのだから、日常の中に「書く」という習慣が根付くように、その「場」をつくっておきたいと思ってはじめたのでした。

サロン生は年齢も職業も住んでいる場所もまちまちです。子育て真っ最中の30代のお母さんが、子どもへの接し方について悩んでいることを書けば、もう子どもが独立したというベテラン母さんが、「それはね」と自分の体験を綴ってくれます。仕事で悩んでいる人がその苦しさを綴れば、「私もこんなことがあって」とまったく異業種の人が思いを重ねてくれます。そんな温かい交流を傍《かたわ》らで眺めていて、「交換の力」をますます実感するようになりました。

専業主婦で「私は何も成し遂げていないし」という人も、子育てのプロです。会社員で毎日会社と家との間を往復するだけ、と本人は思っていても、そこで培った人間関係のスキルは大したものです。どんな人も、必ず自分の暮らしの中に、時間をかけて培った宝を持っています。でも、大抵の人が「持っているもの」の価値に気づいていないよう。

商業のはじまりは、南で採れたものを北に運び、北で採れたものを南に運ぶことで、自分のまわりにはないものを「お金」を使って手に入れる、というものだったといいます。

南で採れるのが当たり前のマンゴーが、北では貴重品になり、北ではどこの畑にもあるじゃがいもが、南ではめずらしいごちそうになる……。自分のそばに置きっぱなしだったら、その価値は誰にも気づかれないけれど、場所を移動するだけでお金に変換できるようになります。

自分の中に眠っている体験も、これと同じ。

自分のことを話すのが苦手だ、という人は「こんなこと話したっておもしろくない」「こんな私のこと、誰も知りたがってなんかいない」と思ってしまいがち。でも、それがおもしろいか、意味があるかどうかを決めるのは、「私」ではなく「相手」なのです。自分の「内」にあれば何も生み出さないことも、人に手渡すことで、きっと誰かの役に立ちます。

だから、まずは自分のことを話してみるのはどうでしょう?

「交換」は、まず誰かがはじめないと動き出しません。自分から話せば、きっと相手も話してくれるはず。すると互いに知らないこと、気づかなかったことを手渡し、受け取ることができる……。

そして、「ああ、この話、聞かせてくれて良かったわあ〜」と相手が言ってくれたなら、今まで「大したものではない」と考えていた、自分の中のささやかな体験が、じつはとても大切なものだった、と再確認できるかも。

「話す」ということは、自分の中にあるものを引っ張り出すということ。個人の体験は、「出す」というプロセスを経て、輝き出すものです。

まとめ

会話を楽しみたいなら、
まず自分について話してみる

互いに敬意を持って誰も取り残されないように話す

目上の方と話をするとき、あるいは、先輩や年上の人のことが話題に上るとき、できればきれいな敬語を使いたいものです。

「いつ、そこに行かれたのですか？」

「先日、○○さんが展示会に来てくださって、久しぶりに△△について教えていただいたんです」

ちょっとした語尾の違いだけですが、敬語を使わずに「いつ、そこに行ったんですか?」「先日、〇〇さんが展示会に来て、久しぶりに△△について教えてもらったんです」と話すのと、ずいぶん印象が違います。

難しいのは、だんだん仲良くなって打ち解けたとき、ずっと敬語を使い続けていると、他人行儀なような感じがしてくる、ということ。いったいいつ、敬語からフランクな、仲間へ語りかけるような口調へとスイッチを切り替えるかは、判断しにくいものです。

そんなとき、関西弁では便利な言い方があります。それが、「〇〇しはる」「〇〇してはる」という敬語。

「あの人、今度あのイベントに参加しはるんよ」「それ、いつも習慣にしてはるんですか?」といった具合。関西弁なんだけれど、ちょっとやわらかくて一歩距離が近くなった気がする言葉です。

敬語より大切なのは、相手への敬意

たぶん、大事なのは、敬語か敬語でないかというよりも、話し相手に対してきちんと敬意を払っているかどうか、なのだと思います。

話していて、なんだか気分が悪くなるのは、小馬鹿にされているようだったり、自分の存在を軽んじられているように感じるとき。

特にいろいろな年齢やキャリアの人が集まっている状況で話すとき、「話を聞いてもらえる人」と「軽く流されてしまう人」という差が生まれるのは、避けたいもの。

それはたとえば、こんな感じです。

Aさん「この時期には、大根がおいしくなりますよね」

Bさん（年上）「そうそう、私は特に三浦大根が好きなんですよ。普通の大根とはまったく違いますよね」

Cさん（年下）「そんなに味が違うのですか！　煮ものにされるのですか？」
Bさん「Aさんがこの前作ってくれた聖護院かぶらの煮ものもおいしかったよね」
Aさん「ああ、京都の市場で買ってきたかぶらで作ったやつですよね」
Bさん「冬の大根は、煮もの以外にする気にはならないね」

年下のCさんが、わからないから質問しているのに、三浦大根を「知らない」という状態を無視されて、どんどん話が進んでいってしまっています。
これに対して、年下だけれど、Cさんにもちゃんと敬意を払って話すと、こんな感じになります。

Aさん「この時期には、大根がおいしくなりますよね」
Bさん「そうそう、私は特に三浦大根が好きなんですよ。普通の大根とはまったく違いますよね」
Cさん「そんなに味が違うのですか！　煮ものにされるのですか？」

Bさん「三浦大根は、神奈川県の三浦半島で栽培されていて、首と先が細くて、真ん中がふくらんだ、ふくよかな形なの。柔らかいのに煮崩れしにくいから、煮ものにおすすめなんですよ。Aさんが先日作ってくれた聖護院かぶらの煮ものもおいしかったよね」

Aさん「ああ、京都の市場で買ってきたかぶらで作ったやつですよね。千枚漬け用として知られているけれど、シンプルにふろふきにしたり、おろしてかぶら蒸しにしてもおいしいですよ」

Bさん「Cさんは、大根はどうやって食べるの？」

Cさん「私は簡単に豚肉と炒めてオイスターソースで中華風に味付けしたり、千切りにしてサラダにすることが多いですね」

Bさん「へ～、炒めものにするんだ！　おいしそうだね。今度やってみよう」

年下のCさんからも「学ぶことがある」という姿勢なら、大根の新しい調理法を聞き出すことができ、会話の幅が広がって、3人で楽しく話ができます。

おせっかいになることの大切さ

私は、年下の同業者と会うとき、「何か新しい技を仕入れることができるかも」と思いながら話をします。

最近では、打ち合わせのとき、ノートにメモを取るよりも、パソコンに直接打ち込んだり、iPadを使う人も増えました。そこで「ねえねえ、パソコンでメモを取るときには、どんなソフトを使っているの？」と聞いてみたり、「iPadでメモをしたら、それをどんなふうに保存するの？」と新しいアプリを教えてもらったり。

先日はiPadで音声を録音しながらメモをしている人を見つけて、興味津々。後からメモしたところをタップすると、その時刻に録音された音声が流れてくる、という「Notability」というアプリについて、レクチャーをしてもらいました。

逆に、「学ぶ」だけではなく「教える」という姿勢も意外に大事。

私よりもっと年上の70代、80代の方々がいらっしゃるときには、そこにいる人のほとんどが当たり前に知っていることが通じなかったりします。インスタグラムもLINEもしたことがない。ネットで飛行機の予約ができない。ポッドキャストも聞いたことがない……。

以前は「あの方、LINEについてまったくご存じないんだなあ。詳しく手取り足取り教えてさしあげたいけれど、大先輩に私が『教える』なんて、なんだか偉そうだし」と思いがちでした。そしてみんなの話の中で取り残された年配の先輩に「最近では、こんな便利なものもあるんですよ～」と、当たり障りのないように、笑いながら話しかけるだけ。

でも、私自身が若者たちにいろいろ教えてもらった経験から、「これは、おせっかいになったほうがいいかも」と思うようになりました。

今では、その場でわからない人がいたら、「これは、こういうもので……」とていねいに説明するようになりました。必要なら、後からアプリの情報や説明のURLを送ったりも。

私よりもっと詳しい人がいるかもしれないし、私が正しく説明できるかどうかも曖昧《あいまい》だけれど、「今知っていること」なら伝えられます。

そうやって、会話の中で取り残される人がいないように、レベルの差はあっても、みんなで助け合いながら話が進められるよう気を配るということは、とても大切なコミュニケーションスキルだと思います。

まとめ

教えてもらったり、教えたり。
会話の中でのギブ＆テイクを忘れない

感情に振り回されず、相手のことを真剣に考えた「ダメ出し」をする

歳を重ねると、会社で部下や後輩たちと話す機会が増えてきます。ときには、耳が痛いことも言わなくてはいけません。

私は、誰かにダメ出しをすることが、とても苦手です。いくら年下でも、その子のやり方を「そうではない」と否定したり、「そんな方法ではうまくいかないんじゃない？」と反対の意見を言えば、相手は傷つきます。

私自身が、こっそりプライドが高いタイプの人間なので、ちょっと誰かに文句を言われただけでクヨクヨ悩みます。だからこそ、「これを言ったら悲しむ

だろうな」「せっかく頑張ったんだろうに」とあれこれ先回りして考えてしまい、言いたいことを飲み込んでしまっていました。

それでも、歳を重ね、経験を積むうちに、誰かに意見を言われることは、私自身を否定するのではなく、「私の意見」を否定しているのだ、と区別ができるようになってきました。

全力でダメ出しをすれば、必ず伝わる

そして、言いたいことをパシッと言ったほうがいい、とようやく思えるようになったのも「ライター塾」がきっかけです。

文章を書いてもらい、それを添削する、というのが私の役目。ライター塾は、Zoomというアプリでつないでオンラインで行ないます。画面越しではありますが、生徒さんたちと向き合いながら、ダメなところは、はっきり言わないと、その文章のどこがどうダメなのかが相手に伝わりません。

思い切って、「この文脈はどういう意味かわかりません」「主語と述語がつながっていない」「ちょっと自分に酔いすぎなのでは？ もうちょっと冷静に」など、「ダメなところ」をはっきり伝えるようになりました。ビシバシとコメントを入れて、どこがどうダメなのかを説明します。

最初は「傷つくかなあ？」と心配だったのですが、はっきり言い切ったほうが、「なるほど！ よくわかりました」ときちんと受け止めてくれるとわかってきました。

添削をする、というのは結構骨が折れることです。相手が書いた文章をしっかり読み込み、言いたいことを想像し、どこを削り、どこに言葉を足したらいいか？ どうしてこの文章がわかりにくいか？と考えて、修正のための赤字を入れ、そのことを伝えます。

一人一人に寄り添って、全力でその人のことを思い、「こうしたらきっと良くなる」と全力でダメ出しをする。そんな思いは、否定的なことを言っても、必ず相手に届きます。

こんな「塾」やスクールに限らず、人は、他人が自分のことを真剣に考えてアドバイスしてくれている、と感じられたとき、どんなにそれが心に痛い言葉であっても、自《おの》ずと感謝の心が生まれるもの。ダメ出しや反対の意見が、「こうしたらきっともっと良くなるはず」という、相手を思う気持ちに根付いていたとき、それは必ず伝わります。

自分の感情に流されていないか点検する

逆に気をつけなくてはいけないのが、自分の気分でダメ出しをすること。たとえば、相手の言い方が失礼だとムッとしたり、バカにされているようでイラッとくる場合です。

そんなダメ出しは、相手ではなく、自分の感情が起点となります。そして感情で怒ってしまいがち。相手のためのアドバイスなのか、自分が腹を立ててダメ出しをしているのか、その区別を見極めることは意外に難しいのです。

○感情で怒ってしまう場合

Aさん「今度〇〇さんに取材をお願いする、と言っていましたが、内容がテーマと少し離れているような気がして迷ってしまって……。じつはまだ取材依頼をしていないんです」

Bさん「先日の打ち合わせでは取材することに決めましたよね？　テーマと違って止めるならそれでもいいですが、もうちょっと早く言っていただきたかったです。私は本を読み込んだりと、もうすでに準備を進めていたのに。迷ってるなら、迷っているって早めに言ってくれれば良かったじゃないですか！」

Bさんは、Aさんの行動によって、「用意していたことが無駄になった」と自分のことしか考えずに文句を言う形になっています。

○相手のことを真剣に考えた場合

Aさん「今度〇〇さんに取材をお願いする、と言っていましたが、内容がテーマと少し離れているような気がして迷ってしまって……。じつはまだ取材依頼をしていないんです」

Cさん「迷ったときには、その迷っているという途中経過を報告してください。そうしたら、一緒に考えますから。全部を自分で抱え込んでしまったら、まわりの人が『どうしてあの件は進んでいないんだろう？』と不審に思ってしまいます。正直に進捗《しんちょく》状況をシェアしたほうが、まわりの人も何を助けたらいいかわかるし、Aさんご自身もラクになりますよ」

Cさんは「迷っている」というAさんに寄り添って「その状況を正直に伝えたほうがラクになるよ」とアドバイスをしています。

同じように「今の状況を報告している」Aさんに対して、自分の感情だけで文句を言うBさんの場合と、Aさんの立場をよく理解した上で意見を言うCさんの場合では、まったく伝え方が違います。

ダメ出しをされたAさん自身も、Bさんのように感情をぶつけられたら、反発してしまいますが、Cさんのように、本当に自分のことを考えてくれているのだなと感じれば、素直に耳を傾けることができます。

誰かに文句を言ったり、ダメ出しをする際、まず自分が感情に振り回されていないかと点検することは、とても大事です。

もし、カッとしたりイラッとしたりしていると感じたら、言葉を発する前に一拍置くと冷静になることができます。

もちろん、ときには感情を爆発させて怒ることも必要です。「あなた、その態度は失礼じゃない！」と、ちゃんと怒らないと伝わらないこともあります。

優等生タイプの私は、このタイプの怒り方がなかなかできません。怒るべきところで怒らないと、いつまでも不満が胸の中にくすぶって消化することができないとわかってはいるのですが……。

どのくらい怒っても大丈夫なのか。それは怒って、相手にそれを受け入れてもらい、互いに「ごめんね」と仲直りする……。そんな体験によって習得するものなのかもしれません。

ダメ出しは「人は意見が違って当たり前」という前提の上に成り立つコミュニケーションです。

違うからこそ、自分の中には存在しなかった価値観を新たに知り、経験したことのない考え方を受け入れ、自分をいったん壊して再構築する。そんな経験は、自分一人ですることはできません。だからこそ、ダメ出しをマイナスのことと考えず、新しく生まれ変わるためのプロセスととらえれば、人と話すということが、2倍にも3倍にも豊かに耕されます。

まとめ

相手の言葉にイラッとしたら、
一拍置いて冷静になってみる

自分を誇張することなく、言いたいことを自信を持って言い切る

「編集部の入り口を入ったら、『ああ、今日イチダさん来てるんだ』ってすぐわかりました」と何度も言われたことがあります。

出版社のとあるフロアの入り口に立っていても、奥の打ち合わせスペースで話す私の声が聞こえるということ。つまりは、声が大きいということです。

私は、一生懸命になればなるほど、気がつかないうちに声が大きくなっていき、自宅で電話で話していても、夫に「もう少し、穏やかにしゃべれないの？」と呆《あき》れられます。

落ち着いたトーンで、静かに、小さな声で話せる人になりたい……、というのが長年の私の夢。というのも、大きな声で話したからといって、相手によりよく伝わるわけではない、と知っているから。

話すときには、人にもたれかからない

私が大好きな話し方をするのが、Iさんです。彼女の声はとても小さくて低い。カフェなどの人が多い空間で話をしていると、身を乗り出して、一生懸命聞かないと、聞き取ることができません。なのに、その話し方は、とても魅力的なのです。

それは、きっとIさんが、自分の話を必要以上に「盛る」ことがないから。淡々と静かに、自分の体験を語るだけ。ただし、そこに妙な隠し事はなく、すべてが本音だし、ときには私と同じ関西人であることもあって、「オチ」や「トボケ」も交じります。

でも、自分の考えを誇張することはありません。それでも、Ｉさんがご自身の体験から、しみじみ感じたこと、学んだこと、知ったことが、低いトーンの声からビンビンと伝わってくるのです。

彼女と話をするようになって、静かに話すほうが、聞く人はより耳を澄ますものなのだと知りました。

声を張って強く話したからといって、伝わる力がより大きくなるわけではありません。なんだかずいぶんにぎやかだけれど、心に残らない……、と話が頭の上を素通りしていくことも。人に聞いてもらえるように話すには、強く「押す」のではなく、むしろ一歩「引いて」惹《ひ》きつけることが大事なのだとわかってきました。

とはいえ、自分の声やしゃべり方を変えるのは、なかなかむずかしいものです。でも、力が入りそうになったとき、ちょっと深呼吸をしたり、トーンを落とし、ゆっくり話すことならできるかもしれません。

Iさんの話し方で、もうひとつ好きな点は、「確信を持って」話しているということです。

「こんなことがあって、そこで私はこう感じて、これからはこうしていきたいと思っている」というように。

もちろん悩んだり、迷っている渦中《かちゅう》のこともあるけれど、「それは、今の時期は仕方がないこと」と、ちゃんと自分でわかっている……。

そんな彼女の話を聞くと、いつも自分の人生を生きるのは自分自身しかいない、ということを教えられます。そしてその話には、いつも1本のぶれない生き様のようなものが感じられるのです。

自信を持って話す

我が家に取材に来られる若い編集者の中には、まだ自分に自信がなくて、話し方からも、そんな弱気なところが感じられる人がいます。

企画内容を説明してくれるのですが、明らかに、企画書をそのまま暗記して言っているような……。そんな人と話していると、こっちまで不安になってきます。

誰かと話すとき、「自信を持って話す」ということは、とても大事。それは、自分の意見を持って話す、ということでもあります。でも、キャリアが浅いうちはそんな自信を持つことが難しい、と思っている人もきっと多いはず。

若い頃、私は「自信」とは、「あれ」と「これ」ができるようになったら持てるもの、と思っていました。いくつかの条件が整ったら、自信が持てる……。でも、いったいいくつの「あれ」と「これ」が揃ったら自信になるのか？　自信を持つための必要条件ってなんなのかが、さっぱりわかりませんでした。だから、いつまで経っても自信がない。

そこから月日が経ち、わかってきたのは、自信とは文字通り「自分を信じる」行為なのだということ。まだ何もできないかもしれないけれど、自分の中から確かなものを見つけ出し、腹を括《くく》るということです。

自信を持って話をするのは、自分を信じて話をする、ということです。そんな自信が揺らぎがちなのは、多くの場合、「これって、人から見たら大したことがないかも」とか「みんなにとっては当たり前のことなのかも」と、誰かと比べるときです。

自分の考えを相手に伝える。その出発点となるのが、まずは自分を信じる、ということです。

多分、間違えていたっていいのです。誰がなんと言おうと、「私はこう感じたんです」と覚悟を決めて語っちゃえばいい。それが正しいか正しくないかは大きな問題ではないのだと思います。

言い訳をしないで話す

よくやりがちなのが、自分の考えを述べながら「もしかしたら違っているかもしれないんですが」とか「もっと調べないといけないとは思うんですが」と、いろんな言い訳をくっつけることです。

せっかく「こう思う」という1本のストーリーを語っているのに、エクスキューズで「真逆の考えがあることも知っているんですけどね」と付け加えてしまいがち。

もちろん、自分と違う意見もある、ということを認めながら話すのは大切な視点ですが、あまりに自分を否定しすぎると、本当に伝えたいことがぼやけてしまいます。

言い訳や逆説をくっつけた話し方だと、こんな感じです。


「いろいろ考えてみて、ほかのテーマも浮かんだんですが、このイベントの狙いは、並んでいる商品を、それが作られるまでの背景を知ってもらいながら購入してもらうということじゃないかと考えるようになりました。

もしかしたら、背景なんて興味ないという人もいらっしゃるかもしれないし、もの作りのプロセスなんて自分には関係ないと考える人もいるかもしれないけれど、作る過程を知ることで、その商品をより愛着を持って使ってもらえるんじゃないかと思っています。

自分の暮らしに役立てばいいという考え方もあるけれど、実用以外に大切な、ものの持つストーリーもあるのではと思います」

自分のことを信じて言い切ってみると、こうなります。

「このイベントの狙いは、並んでいる商品を、それが作られるまでの背景を知ってもらいながら購入してもらう、ということにあります。

作る過程を知ることで、その商品をより愛着を持って使ってもらうことができます。どう役立つかという実用面だけでなく、そこに関わった人や時間を思い起こし、ストーリーと共に持って帰っていただければ、このイベント自体がお客様の記憶に残るはずです」

最初の話し方は言いたいことと、言い訳が交互に出てきていて、まどろっこしい言い方になっています。

対して後者は、言い訳をばっさりと切り捨てて、自分の意見をストレートに伝えて、シンプルな表現だからこそ強い意志が感じられます。

誰でも何かを言い切るときには、これで大丈夫かな?という不安はあるものです。でも、そこはあえて外に出さず、きちんと自分が信じた意見を伝える。そのことで、「どんなイベントにしたいか」という思いが、よりクリアに伝わるようになります。

ついマイナス面を言いたくなるのは、「もし間違えていたら……」という自分の中の迷いや不安を、相手に伝えておこうとするから。そうした相手にもたれかかった話し方は、自分の話に責任を持たない、という態度になって、ときに不信感をかってしまいます。

もし、間違えていることが後からわかったら、そのときに訂正して謝ればいい。自分にとっての「今、私がわかること」「今感じていること」をきちんと話し切ることが、その人の誠実さを伝えてくれます。
そして聞いている人は、その話の「正しさ」ではなく、話す人の「誠実さ」によって、「ああ、この人と話してよかった」と感じるものなのだと思います。

まとめ

迷いや言い訳は思い切って切り捨て、自分の確信が持てることを静かに話す

どうしてもわかり合えない人とは深く話さず、広く話す

他人より難しいのが肉親、特に親と話すということです。

私の両親は今、父が92歳、母が81歳です。昭和の時代を生きた人ですから、価値観が昭和のまま。話していて「それは違うんだよなあ」と思うこともしょっちゅうです。

でも、両親の年齢になって、こちらが「それは違うと思う」と意見したとしても、長い年月をかけて構築した価値観がくつがえるとは思えません。

孫たちの進路について口出しをしたり、隣近所の人について批判をしたり。

そのたびに、思い込みや古い封建的な考え方がちっとも変わっていないことを思い知らされ、「あ〜あ」とがっかりします。

「そうじゃなくて、こういうことなんだよ」と反論してみても、柔軟に考え方を変えたり、修正したりすることはもう無理なよう。その横でイライラしたり、ムッとしたりすることもありましたが、最近はもう諦めよう、と思うようになりました。

無理して価値観を合わさず、ほかに話題を広げてみる

できれば両親と気持ち良く話をしたい。そんなときにおすすめなのが、「深く」ではなく「広く」話す、ということです。

ひとつのものの見方について、無理に深く話を掘り下げて、価値観を共有しようとするのではなく、今まで聞いたことがなかった話、知っているようで知らなかった話を「広く」聞いてみるということ。

他人にはあれこれ質問するけれど、自分の両親となると「知っているつもり」になって、意外に根掘り葉掘り問いかけることはしていないもの。「自分の親」という役割をちょっと脇に置いておいて、戦後を生きてきた先輩として、どんな日々を過ごしてきたのか質問してみます。

父には、「戦後のものがない時期に、どうやって食料を調達したの？」という話からはじまって、どんな大学時代を過ごしたかだったり、どうして勤めていた会社を選んだのか？　高度経済成長期に、どんなふうに働き、海外出張に出かけた先で、どうやってクライアントと折衝したのか？など、インタビュー感覚であれこれ聞いてみました。すると、まるであのＮＨＫの伝説のドキュメンタリー番組「プロジェクトＸ」のように、企業戦士だった父の姿が見えてきました。そのひとつひとつのエピソードのおもしろかったこと！

今の価値観について「深く」話すことから離れ、「広く」話してみると、知らなかった一面を発見できて、「へ〜〜！」「ほ〜〜！」と楽しく聞くことができます。

その話し方のスイッチの切り替えはこんな感じです。

○無理して「深く」話そうとする場合

父「Aさんは転職したらしいよ。まだ勤めて1年も経っていないのにね。何もわからないままやめてしまうなんてもったいない。最初はみんな思い通りにいかないもの。もうちょっと辛抱してみればよかったのに。すぐやめてしまったら、苦しかったらすぐ逃げ出すみたいな『やめグセ』がついちゃうよねえ」

私「今は、その会社が合わないと思ったら、みんなどんどん転職して、新たな場を探すものなんだよ」

父「でも、そんなにコロコロ会社を変わっていたら、退職金も少なくなるし、信用もされないよ」

私「もう、終身雇用の時代は終わったんだよ。働いてみないと、何が自分に向いているかなんてわからないから、どんどん試してみるっていいことだと思うよ」

父「でも、何度も転職していたら、すぐに飽きる人だって思われるよ」

私「人にどう思われようが、自分のために仕事を探すんだからいいじゃん！」

こんなふうに、相手の意見をひっくり返そうとすればするほど、話はずっと平行線でした。

いったん入社したら、その会社のために尽くす、という文化の中で働いてきた父に、転職サイトなどを上手に利用して、効率よくキャリアアップする、という今の時代の流れを説明してもわかりません。

○視点を変えて「広く」話そうとした場合

私「私が子どもの頃、しょっちゅう海外に行っていたけれど、あれはどんな仕事だったの？」

父「ガラス会社でエンジニアとして働いていたから、海外でガラス工場を新たに建設するとき、その技術指導をしに行っていたんだよ」

私「それって、現地の人と一緒に働くの？」

父「イランに赴任していたときは、1年間ぐらい、現地人と一緒に働いたなあ」
私「お父さん、イランの言語ってできたの？」
父「ペルシャ語と英語が半々ぐらいかな」
私「へ〜！」

ひとつの話題で、互いの価値観を無理にすり合わせるのではなく、今まで聞いたことがない父の出張先のことを質問してみると、まったく知らない体験談が飛び出してきました。父も、当時の話なら、どんどんおもしろおかしく話してくれて、母も加わって話が盛り上がり、楽しいひとときとなりました。

すべてが同じ意見でなくていい、と割り切る

これは、肉親だけでなく、まわりにいる人で、どうしても価値観が合わないと感じてしまう相手と話すときにも有効な方法です。

価値観のずれを無理して合わせようとせず、かといって、意見が違うからと切り捨ててしまわず、まったく違うトピックでもう一度話をはじめたり、質問しながら会話を進めたりしてみます。すると、意外に「そうそう！」と共通点が見つかったり、「この人、こんな一面も持っているんだ」と新たな顔が見えてきます。

たとえば、Aさんは仕事にやりがいを求める人、Bさんは仕事は仕事と割り切って趣味の時間を大切にする人だとします。AさんとBさんが仕事について語り合っても、考え方が根本から違うので、話が行き違って当たり前。

そこで、仕事以外のことに話題を振ってみます。

たとえばAさんは料理が好きで、仕事から帰って、おいしいものを作って、お酒を飲むのがいちばんの楽しみ。一方Bさんは、休みの日は友人たちとキャンプに出かけ、外でいろんな料理を作って食べるのが大好き。だとすれば「料理」という共通項で話をすれば、きっとおもしろく情報交換ができるはずです。

人と話をするときには、すべてが「そうそう、そうだよね」と共感できるわけではありません。そのことをきちんと理解しておきたいもの。

全部が一致しなくても、会話の接点を見つければそれでいい。上手に諦め、上手に共感して、会話を楽しむのがおすすめです。

まとめ

全部が一致しなくても、
接点があれば、会話は楽しめる

オンラインの打ち合わせは前と後が大事。リアルな打ち合わせはグダグダと

コロナ禍を経て、ＺｏｏｍやGoogle Meetなどのアプリを使い、オンラインで打ち合わせをする機会が増えました。わざわざ外に出かけていかなくても、自宅にいながら会議に参加できるので、時間短縮にもなるし、ずいぶんラクになりました。

一方、中には「やっぱり顔を合わせて話したい」と思う打ち合わせもあります。それぞれの長所、短所を知って、上手に使い分けたいもの。

オンラインミーティングでは、お土産を準備して

オンラインミーティングは、遠い人との打ち合わせに便利なのはもちろん、定例の会議に向いています。「これとあれを決める」と主題が決まっているものを、サクサク決めるというイメージです。

そんなオンラインのデメリットは、会議の前と後がないこと。

リアルで集まる場合は、会議室などに少しずつ人が集まり、まだの人を待ちながら、みんなで雑談することからはじまります。打ち合わせが終わっても、すぐに解散とはならず、あれこれおしゃべりをし、たわいもない会話の中から、さっき終わった会議の内容をもう一度話しはじめたり……。そんな「前」と「後」の時間から、思いがけないアイデアが浮かんでくる、というのはよくあること。

オンラインでは、そんな枠の外からトピックを拾うことができないので、ＰＣ越しに向き合っている時間だけが勝負です。だからこそ、「前」と「後」を補

うものを自分で意識してつくるのがおすすめ。

まずは会議をはじめる前に、必ず参加者全員が会議に持っていく「お土産」を準備します。

つまり、その日の会議のテーマに沿って、自分が提案できるものを考え、発言できる形にまとめておくということ。オンラインミーティングでは、時間が限られているので、できるだけ自分の意見を簡潔に話すことが求められます。自分が話すことをメモに箇条書きにしておくと安心です。

私の場合、『暮らしのおへそ』の打ち合わせをスタッフとＺｏｏｍですることが多いのですが、次号の準備をはじめるいちばん初めのミーティングでは、章立てを決めます。

たとえば、『暮らしのおへそ Ｖｏｌ．37』なら、第1章は「メモするおへそ」、第2章は「お出かけのおへそ」、第3章は「暮らしを軽くするおへそ」でした。

この章立てを決める際、編集スタッフの3人が、どんな章を作ったらおもしろいか、それぞれ事前に考えておきます。そして、Ｚｏｏｍでの会議がはじまったら、持ち寄った案を発表する、という段取りです。

リアルで集まっていた頃は、会ってから「次、どうする?」と、ゼロからみんなで「ああでもない」「こうでもない」と話していました。オンラインミーティングでは、そんな「場を温める」時間がないからこそ、参加者一人一人がきちんと事前に準備をしておくことが、集中して話し合い、実り多い会議を生む第一歩になります。

さらにオンラインでは、人が話しているときに、割り込んで話すと声が重なって聞き取れなくなってしまうので、誰かが話しているときには疑問があってもさえぎらずに黙り、話が終わってから次の人が話し出す、というのが基本のルールです。

そんなときにも、この「宿題発表形式」ならスムーズ。一人ずつ、単独で自分の意見を発表し、終わったら次の人が発言する、といった具合に順番を回します。MC的な存在を決めておき、一人が発表し終わったら「○○さん、今の意見について、どう思います？」など、話した内容をみんなで確認しながら進めるのも大事なこと。

ただし、途中で話に割り込めないからこそ、どんどん話題が流れていってしまうおそれもあります。そんなときのために、メモを取りながら聞きます。ちょっと引っかかったことがあったらメモをして、その人が話し終わってから、「今、話してくれた○○なんですけど……」ともう一度話を戻せばＯＫ。

これをやらないと、なんとなくみんなが発表し、なんとなく聞いて会議が終わってしまい、後から「あれ？ ここおかしいのに……」と問題点を発見し、もう一度会議を開かないといけないことになります。

そして打ち合わせが終わった後は、編集スタッフの一人が、決まったことをまとめて、議事録を作ってくれます。

オンラインの場合、人がメモしている手元を覗《のぞ》き込んだり、目配せを交わしたりという、リアルに会ったときに私たちが無意識にしている「確認行動」ができません。確認する要素が少ないからこそ、思い違いをする可能性が大きく

オンライン会議では一人ずつ話すのが鉄則。誰かが話しているときは、聞くことに集中できるのもメリットのひとつ。

なります。そんなとき、打ち合わせ内容をまとめた議事録があれば、後から各自がそれぞれ振り返ることができます。

リアルなミーティングは、共有できる「点」を見つけることから

一方で打ち合わせが決まったとき、担当者から「Ｚｏｏｍとお会いしての打ち合わせ、どちらがいいですか?」と聞かれたら、私は「できればお会いして」と答える場合があります。

それが、企画が立ち上がるいちばん最初の打ち合わせです。出版社の場合は、特に「どんな本を作るか」がまだきちんと決まっていないうちに、「一緒にゼロから考える」場合が多くなります。

別の業種などであってもテーマや目標が決まっていたとしても、どんな営業のアプローチをするか、プロジェクトをどう進めていくかなど、最初の話し合いは、まだ道筋が見えていないもの。そんなまっさらな状態で、「どうする〜

?」からはじまる打ち合わせは、互いに顔を見ながら、時間をかけて「ダラダラと話をする」のがいちばんです。

私の場合は、一冊の書籍を書きはじめるときがそう。どんなテーマにするか、編集者と会って、じっくり話をします。

「最近どうしてる?」からはじまって、読んでおもしろかった本や、会って刺激を受けた人の話などなど。雑談をしながら、編集者に「私が書きたいこと」を少しずつ引き出してもらって、私は編集者が「書いてほしいこと」に耳を傾けます。

私はこの「ダラダラ会議」が結構好きです。最初は何ひとつ決まっていないけれど、二人、あるいは3人ぐらいが集まって、いろいろな話をすることで、空気中に散らばっている粒々を少しずつ集めて、形を立ち上げる……。

集まる前は何も見えていなかったのに、「そっか、そっち路線でいけばいいね」と少しずつ輪郭が整い、みんなで「そうだ! そうだ!」と、形になるまでのプロセスを共有できるのは、なかなか楽しいものです。

こうやって話しながら、少しずつ輪郭を見つけていくというプロセスは、マーケティング方法を考えるときや、商品開発、そしてＩＴ業界で新たなソフトの立ち上げについて話すときなど、企画の種を見つける作業として、どんな職種でも同じだと思います。

「ない」から「ある」を立ち上げる打ち合わせでは、効率などは無視して、お茶を飲んだり、ごはんを食べながら、一見関係ないような話もして、相手と共有できる「点」をたくさん見つけます。

「そうそう、そうだよね〜」というポイントをずらりと並べていくと、やがて点と点がつながり、線となって、「そうだ、こっちの路線で行こう！」と目指す方向が見えてきます。

このとき、「最後のひと粘り」がとても重要。

打ち合わせが長引くと、最後は「ま、いいか」と流しがち。でも、そこでもう一度力を入れて、今までの時間で話したことをまとめ、「じゃあ、どうする？」と結論を引っ張り出す努力を惜しまないこと。これをしておくと、「決定事項」が明確になり、仕事をスタートするための加速度がぐんと上がります。
オンラインでもリアルでも、打ち合わせとは、自分にはない人の意見を取り入れること。私が思いもつかないことを、あの人が提案してくれる……。そんな機会はとてもありがたいことです。「違い」に耳を傾けることからすべてがはじまります。

まとめ

打ち合わせとは、自分と相手との「違い」を豊かに耕すこと

誰と話すかで変わる、話し方、聞き方のちょっとしたコツ

私は「書く」ことが仕事なので、自分が経験したこと、感じたことが、いったいどういうことだったのか、「なんとなくわかったつもり」のことに輪郭をつけながら、「書く」という作業を通してアウトプットしています。

だとすれば、「話す」ことは、私の中でどんな意味を持っているのだろうと考えてみました。

夫と話すってどういうこと？

ひと口に「話す」と言っても、相手によってその意味は変わってきます。

いちばん身近にいるのは夫ですが、いつもすべてを話すわけではありません。そして、近くにいるからこそ、「わかってもらうように話す」のは難しいもの。「横で見ているからわかるだろう」と説明を省き、「えっ？ こんなことも理解してなかったの？」とがっかりすることも。いつも一緒にいるからこそ、いちいち説明するのが面倒くさい。ついそう考えてしまいます。

そもそも、夫にどこまで自分のことを話すかは人それぞれ。「仕事のことなんてまったく話しません」「自分が好きなことなんて、夫にわかってもらうのは無理だから」という人も多いはず。

私も、たとえば「こんな器が好き」だとか、「今日会った人とこんな話をして」ということまで、逐一《ちくいち》話すことはありません。

でも、日々の生活の中で感じた、いちばん大切だと思うことは、共有できたらいいなあと思うのです。

何を「いい」と感じ、どんな価値観を持ち、ここから先、歳を重ねるにつれて、どっちに向かって歩いていきたいのか……。そんな「目には見えないもの」を共有するには、「じゃあ、それについて今から話しましょう！」というわけにはいきません。ふだんの何気ない会話の中で、「なるほどそう考えるのね」とか「そうそう、それが大事なのよ」と、少しずつ「同じ持ちもの」を確認する作業を積み上げる時間が必要。

ただし、毎日そんな会話ができるわけではありません。テレビを見ていれば会話はないし、話してもせいぜい仕事の愚痴程度。

意外にも会話が弾むのは、たまの外食のときだなあと感じています。自宅では、キッチンでバタバタと料理をして、食卓について、さあ食べようとなるときにはもう疲れていて、いちいち「自分のことをていねいに説明する」という気力が残っていません。

対して、外食の際はお店のテーブルにつき、注文し、待っている時間があるし、ほかに気を紛《まぎ》らわされることもなく、二人が互いに向き合う形になります。そんな中、「じつはこの前さあ」と、自然に深い話ができる気がします。近しい人だからこそ、「場所」を変えることは、なかなか有効です。

すべてを話すわけではないけれど、いちばん信頼して話す。そんな相手が夫です。それは、「この人は、決して敵にはならない」「みんなが私を非難するようなことになっても、この人だけは味方になってくれる」とわかっているから。けれど、話さないと、考えていることに少しずつ「ずれ」が生まれてしまいます。いつもではなくていいけれど、定期的に距離調整をする。夫婦の会話とは、そんな「小分け」にして「積み上げる」もののようです。

友人とは、相手にもたれかかりすぎないおしゃべりを

一方で、思っていることをいちばん「そうそう！」と共感して聞いてくれるのは、気の合う友人たちです。

私は友達が決して多くない上に、べったりと一緒に過ごすということが苦手なので、本当に仲がいい数人と、半年に一～二度会って、思いっきりしゃべりまくる、という時間を楽しみにしています。

友達と話す上で、何をしゃべるかは大きく分けてふたつのタイプがあります。ひとつが「近況報告」、もうひとつが「悩み相談」です。

私が好きなのは「近況報告」パターンです。これは「ねえねえ、どうしよう～」と悩みを相談するのではなく、「こんなことがあってね」と、自分の足で立って話す大人のおしゃべり。相手にもたれかかることはありません。

そんな会話を楽しむ一人が、器作家のイイホシユミコさんです。同郷でもあり、年齢が近いこともあって、もう30年近く前から、互いに互いの道を横で見つめながら、一緒に歩いてきました。「手の温もりが残りすぎない、味気ない大量生産でもない、手作りとプロダクトの境界にあるものを作りたい」という彼女のもの作りの姿勢はずっと変わりません。

イイホシさんは、お店をオープンさせ、工場に器を発注し、ホテルやカフェの業務用の器を作り……、と絶えず新しい道を模索していました。その傍らで私は、『暮らしのおへそ』という、自分が編集ディレクターとなった雑誌を立ち上げたり、「外の音、内の香」というウェブサイトを作ったり、書籍を書いたり。

互いにいろいろな「時代」があり、その渦中で考えたこと、悩んだこと、困ったこと、うれしかったことを語り合うことで、刺激を受け、聞いてもらって安心し、帰る頃には「よし、もうちょっと頑張ろう！」と思えるのです。

私たち二人の特徴は、ほとんどの話が「解決済み」ということです。たまに悩んでいることを話すときもあるけれど、大抵の場合、「こんなに大変なことがあったんだけど、今はやっと落ち着いてね」という話題になります。つまり、何かを決めるときには自分で決める。その中で体験したことを後になってやっと話すということ。

私がイイホシさんの話を聞いて、いつも感じるのが「潔さ」です。工場に器を発注する際には、なかなか思っているような仕上がりにならず、何度もやり直し、話し合い、四苦八苦したことを話してくれました。でもそれは、「自分で決めた器作り」のプロセスなのです。だから、どんなに大変であっても、そこを逃げては通れない。それが自分でわかっているから、どんな頑固者の職人さんに会ったとしても、なんとか説得し、険しい道を登り、ゴールに辿り着きます。

だから、イイホシさんの話を聞くときは「え〜!」「まさか〜!」「よくそんなことやったよね!」と驚くことばかり。その覚悟を決めた姿勢から、私は刺激を受けまくる、というわけです。

そんな彼女の前で自分の話をするときに、あらためて自覚するのは、悩んでも迷っても、最後に「やる」か「やらないか」を決めるのは自分自身、ということです。どんなに仲がいい友達でも、それを決めてもらうことはできません。

自分の道を黙々と歩いている友達との「近況報告」は、そのことをあらためて心するいい機会になります。

「話す」ということは、自分の立ち位置を確認する作業でもあるなあと、毎回イイホシさんと思いっきりおしゃべりをした後に感じます。

弱っているときに、話を聞いてもらう人を決めておく

一方で、人はみんな、いつも張り切りモードでいられるわけではありません。ときには落ち込むし、悩むし、解決策が見つからずオロオロすることもあります。そんなときに発動するのが「悩み相談」モードです。

じつは、私はこのモードがちょっと苦手。つい「しっかりしなくちゃ」と自分でなんとかしようとし、「人に弱みを見せたくない」と隠しておきたくなります。でも、最初は何気ない話をしていても、途中でついついぽろりと本音が出てしまうことも。

そんなときにその相手が、どれぐらい真剣に一緒に考えてくれるかによって、「またこの人に相談しよう」と思えるかどうかが決まります。その人の反応が、

弱っているときに声をかける相談相手のリストに加えるかどうかのバロメーターになります。

私はパシッと自分の意見を言ってくれる人が好きです。相手の悩みが深ければ深いほど、それを聞き、何を答えてあげるか、に迷うもの。「そうだよね〜。それは難しいねえ〜」と寄り添ってくれるだけでも十分癒されはするけれど、せっかく相談するのだから、そこから抜け出すヒントが欲しくなります。「もし、私だったら……」と、真剣に解決策を考え、「こうすると思う」と言い切ってくれると、とても心強くなります。

きっと、それが正解かどうかはあまり関係ないのです。人はみんな違うし、答えの出し方も違って当たり前。その人が自分に置き換え、どう考えて、その結論に至ったのかを聞くことで、「答え」を導き出す方法の多様性に気づくことができます。

夫だったり、友達だったり……。「話す」ことで得るものは、相手によって変わります。

一人の人に「欲しい答え」すべてを求めるのは無理があります。だとすれば、話したい内容によって、「この人にはこんな話を聞いてもらえば間違いない」というパターンをつくっておくと、とてもラク。

人は、自分一人で考えることに限界があります。だから誰かの話が聞きたくなる……。何が欲しくて、その人を話し相手に選んだのかをきちんと理解しておくことが、お互いが持っていない何かを交換し合うための会話を楽しむポイントになると思います。

まとめ

悩みを相談したとしても
最後に決めるのは自分自身と自覚しておく

三章

「聞く力」で「話す力」をもっと伸ばす

話すことが苦手なら、まずは相手に質問してみる

人と会うのが億劫《おっくう》になる理由の多くが、口下手で会話が弾まず、気まずい思いをしたり、伝えたいことが伝わらなくて、もどかしいということ。そんなときにおすすめなのが、話すのではなく、まず初めに相手に質問することです。

ただし、質問といっても「なんとなくの質問」ではありません。その人のことを知りたいと思って聞く「本気の質問」です。このふたつがどのように違うのか……。

「なんとなくの質問」はこんな感じです。

私　「息子さんは大きくなった？」
Aさん「はい、最近では意志が出てきて生意気なんです」
私　「ふ～ん。そういえば、この前仕事で○○さんに会ったって言ってたよね」
Aさん「そうなんです。久しぶりに会って、いろいろ相談にのってもらいました」
私　「良かったね～」

「本気の質問」になるとこうなります。

私　「息子さんは大きくなった？」
Aさん「はい、最近では意志が出てきて生意気なんです」
私　「生意気って、たとえば、どんな感じ？」
Aさん「ごはんも、これはイヤというものは絶対食べないし、洋服もこれがいいって自分が選んだものしか着ないんですよ」

私　「そんなときはどうするの？」

Aさん「嫌いな野菜はスープにしたり、洋服は多少ヘンな組み合わせになっても、それでいいって思います」

私　「Aさん、洋服の仕事をしているのに、よくそこを譲れるようになったね」

Aさん「そうなんですよ〜。以前の私だったら、柄オン柄なんて絶対許せなかったけれど、ま、いいかって思えるようになって」

私　「お母さんになるって、キャパが広がるってことなんだね〜」

Aさん「確かに。細かい自分のこだわりを気にしているとやっていられないから、ま、いいかと手放すようになったかも」

相手の答えの中から次の質問をする

「なんとなくの質問」は、一問一答になっていて、せっかく相手が答えてくれているのに、その答えにちっとも興味を示していません。

相手が口にした言葉は、言いたいことのほんの一部です。前述の会話なら「最近では意志が出てきて生意気なんです」という言葉の裏側には、その人が息子さんと向き合う毎日がつながっています。

つまり、会話の受け答えは、その人の暮らしの先っぽだけ。その奥に何がつながっているのか？　そこを掘り出さないと、本当にその人が話したかったことに辿り着くことができません。

対して「本気の質問」は、質問をして相手が答えてくれたら、その答えの中から次の質問を見つけていきます。これが、会話を深めるコツ。相手の答えによく耳を澄まし、「それ、どういうこと？」と、さらに突っ込んで質問してみます。

そんな質問をすると、相手の答えがだんだん具体から抽象へと移行していきます。この会話なら「息子が生意気で」という現実の話からはじまり、「自分のこだわりを手放した」という、少し抽象的なAさんの心の在り方へと話題が深まっていきます。

相手の話題の中から「自分の話」のエンジンをかける

そして、相手の話が抽象化されると、自分も話に参加しやすくなります。

たとえば、子育ての話だと、私のように子どもがいない人は、なかなか話題に加わることができません。でも、「子育てとは、自分を手放し、子どもの声に耳を澄ますこと。それは、自分のキャパシティを広げること」という話題なら、思い当たることがありそう。

こうして、相手の話を聞きながら、自分との接点を見つけると、「話す」ことのエンジンがかかります。

この場合なら、こんなふうに自分の話とつなげてみます。

私　「こだわることも大事だけれど、Aさんが息子さんに服選びを任せたみたいに、こだわりを手放すことのほうがもっと大事だ、とこの頃感じるようになったよ」

Aさん「え〜！　イチダさんは、こだわりの人かと思っていました」

私「昔は器ひとつも、誰々さんが作った器とこだわっていたけれど、しんどくなるんだよね。実家に帰ると、スーパーで買った器に母が作った煮ものが盛り付けられて出てきて、なんだかほっとする。それでいいんだなあ、と思うようになって」

Aさん「わかります〜。私も最近ではジャージ素材とか、ゴムのウエストのスカートがラクになりましたもん」

私「歳をとると、いろんなことが手放せるようになるんだよね〜」

このように展開すると、年齢差がある人同士でも、一人は「子育て」について、もう一人は「歳をとることについて」と、互いに違う視点で、でも「手放す」という同じテーマについて語り合うことができます。

会話をすることは、違う視点から立ち上がり、違いもあるけれど、共通点もある、と少しずつ層を重ねるように進めてこそ楽しいもの。

自分一人なら「ママの視点」とか「60代の視点」しか持てないけれど、二人以上で会話するからこそ、「年齢を超えて共通する『手放す』ことの良さ」を互いに交換し合うことができます。

ふだんはあまり話さない、自分の胸の奥にあるものを言語化できたときに、人は「ああ、この人と話してよかった」と思えるもの。流れるようにスラスラと話せなくても、大切なものをつっかえながらでも、自分の言葉にのせることが、会話を楽しむコツです。

自分から話すことが苦手、という人ほど、まずは「聞いて」「質問」し、その答えの中に、自分が話したいことをかぶせてみる……というプロセスはなかなか有効。

聞くことと話すこと。どちらかに重点を置くのではなく、どちらも楽しむ。

本気で聞いて、本気でしゃべれば、きっと「話すこと」がもっと楽しくなる気がします。

まとめ

「聞く」ことと「話す」ことを
同じぐらいの熱量でやってみる

やってほしいことをやってもらうためには、まず相手の話を聞くことから

どんなジャンルの仕事でも「聞く」ことと「話す」ことは、とても大事なビジネススキルになります。

たとえば販売職。買い物に行って、店員さんと話をするとき、なんとなく「いい感じ」な人と、「この人、これを売りつけようとしているな」と圧力を感じる人がいます。この違いはどこなのでしょう？

販売のプロは、お客様の話からその人らしさを拾い出す

私が企画編集をしている『大人になったら、着たい服』という50代以上の方のためのおしゃれの雑誌があります。この本で取材をさせていただいたショップやブランドの方々に集まってもらい、百貨店でイベントを開いています。取材で知り合ってから、個人的にもごはんを食べに行ったり、お茶を飲んだりと、友達のようにお付き合いをさせていただいているショップオーナーたちが、そのイベントで店頭に立ったとたん、ふだんとはまったく違うプロの顔になって毎回驚きます。

きちんと売り上げを立て、数字で実績を残す。そんな彼女たちの接客には、特別な「話す技術」があるのかな?と、あるとき店頭で聞き耳を立ててみました。すると……。その話し方は、意外にもいたって普通だったのです。

兵庫県西宮市のセレクトショップ「パーマネントエイジ」の林多佳子さんは70代。同世代のお客様と、まるで井戸端会議のようにおしゃべりしています。

島根県の「Ｄａ・ｊａ」の板倉直子さんも、友達のようにお客様とやり取りをしています。おいしい焼き菓子屋さんの情報を教えてもらって、「わ〜、私紅茶が好きなので、絶対行ってみます」とメモをしたり、「北海道大学の校内に、木造の古い校舎が残っているんですよ」と聞いて、北海道でのイベントの開店前に散歩に行ったり。

ただ、林さんは、その人が「気にしているところ」をさりげなく聞き出していました。「お尻が大きくて」と聞けば、ゆったり目のパンツをさりげなく出してきたり、「私、背が低いから何着ても似合わなくて」と聞けば、「私もちびっこだから、一緒ですね〜」と笑いながら、「今のパンツに、このジャケットを着てみたら？」と提案したり。

板倉さんは、相手が会社員だと聞き出せば、きれい目だけれど硬くなりすぎない、柔らかい素材のジャケットを勧めたり、小さなお子さんを保育園に預けてから来店したと聞けば、一人時間を楽しめて、しかも自宅でじゃぶじゃぶ洗えるワンピースを持ってきたりと、相手のふだんの暮らしに寄り添うスタイルを見事に提案していました。

販売のプロの会話から知ったのは、さりげないおしゃべりの中に、その人のライフスタイルを知るキーワードがちりばめられているという事実でした。

話し手は雑談の中で、知らず知らずのうちに「自己紹介」をしているものなのです。でも、「知ろう」という意識がないと、会話はさらさらと流れていってしまいます。それを瞬間的にキャッチアップする力こそが、隠れたセールススキルなのだと教えてもらいました。そして、自分が伝えたいことを話すのは、相手の「必要」を知ったあと。1枚の服を選び、ようやくどうして「これ」がいいか、その人らしさにどうしてこの1枚がフィットするのかを説明します。

セールストークというと、自分が作ったもの、あるいは販売するものの良さをいかにアピールできるかが肝心だと思いがちです。でも、聞き手が耳を塞《ふさ》いでしまったら、いくら力説しても、聞き入れてもらえません。自分が言いたいことを相手の元に届けるためには、まずは「聞く」ことからスタートするほうがずっと近道です。

相手の状況を把握してから話しはじめる

これはセールスだけでなく、ふだんの人付き合いにも応用できます。

会社の部下に、「こういう意識で仕事をしてほしい」と伝えたいときには、まず彼、あるいは彼女が「今、仕事をしながらどんな気持ちでいるのか?」に耳を傾けてからのほうが、ずっとスムーズだったりします。

夫に何かを頼みたいときにも、「こっちは今忙しくてできないから、やってよ!」と自分の思いだけをぶつけても、動いてくれません。さらに、どうしてやってほしいかという自分の思いを説明しても、それを察してもらうのは至難の業。それよりも、まずは相手の状況を聞きます。相手は自分の話を聞いてもらった、という満足感を得たとき、やっとこちらに寄り添うモードに切り替わります。たとえば、こんな感じです。

私「今日はどんな仕事なの？」
夫「○○さんと打ち合わせをして、そのあと○○の会社に行ってさあ」
私「それは、大変だねえ。○○さんって、結構難しい人だって言ってたよね？」
夫「そうなんだよ～。こないだなんてさ～（とあれこれ話す）」
私「ところで、何時ぐらいに帰れそう？」
夫「う～ん、8時ぐらいかな」
私「だったら、私のほうが遅くなるから、帰りにお弁当買ってきてくれないかな？」
夫「わかった。それぐらいならできそうだから買ってくるよ」

夫は自分の大変さを理解してもらった、という満足感を得たとき、私の忙しさへ心を重ねる余裕を持つことができるよう。

以前、出版業界に興味があるという後輩に「雑誌の取材をやってみる？」と声をかけたことがありました。私としては当然「はい！」と返事をしてくれるかと思っていました。でも、なんだか返事が要領を得ません。「気が進まないの？」と聞いてみると、「取材の段取りをしたり、誰かの話を聞くときは楽しいけれど、いざ原稿を書くとなると書けなくて、つらくてたまらない」とのこと。そこで、あらためて彼女の話をじっくり聞いてみると……。

私　「今までどんな仕事をしてきたのか、聞かせてくれる？」

彼女「かつては、クッキングサロンの営業をしていました。私、初対面の人でも話すのは得意なんです。セールスポイントを伝え、入会してもらうことは得意でしたね。営業が向いていたと思います」

私　「そうなんだ！　だったら、もしかしたら書くことより、取材のアポイントを取るとか、編集補佐のような仕事が向いているかもしれないね」

そんな話をした後で、彼女には雑誌で紹介する商品の掲載許可を取る仕事を担当してもらうことにしました。いろいろなお店に電話をし、商品の貸し出しを依頼し、原稿チェックをしてもらいます。全部で50件ほどあったショップとのコンタクトを、彼女は見事にやってのけました。もし、彼女の話を聞かないまま、「ライターの仕事がしたいにちがいない」と思い込んで仕事を依頼していたら、双方にとっていい結果にはならなかったはず。

話をするとは、こんなふうに互いへの理解を微調整する、ということでもあります。そして話を聞けば、依頼する内容を相手に合わせてシフトできます。

会話を紡ぐためには、相手に「心をこちらに向けてくれているな」と感じてもらうことが大事。「聞く」という作業は、「あなたのことに心を合わせるよ」というサインでもあります。「聞く」というプロセスは、聞き手としての自分がそこにいる意味を、相手の心に届ける力を持っているのかもしれません。

まとめ

言いたいことがあるときは、まず耳を澄ませて相手の言葉を聞く

「きっとこう答えてくれるはず」という思い込みを外し、耳を澄ませる

今までたくさんの方にインタビューをさせていただきました。

大抵の方が、その人にしか語れない経験や、人生の転機、思考のプロセスや深い思いなどを聞かせてくださって、この仕事をしていて本当に良かった、と心を躍らせます。

でも、ごくまれにですが、聞きたいことがまったく聞けず、質問しても意図が伝わらず、会話がちぐはぐなまま、相手の心に触れられずに終わってしまうこともあります。

人は「自分が聞きたいようにしか聞けない」と知っておく

インタビューを終えて自宅に戻ると、レコーダーで録音しておいた音声をテキストに起こし、それを読み直して、どんな話をしたかをもう一度おさらいします。インタビュー中は、質問を投げかけ、それに答えてもらった言葉を受け取るだけで精一杯で、全体を把握することはなかなかできません。

文字起こしをしたインタビュー内容を読んでみて、「あら、私ったら何度も同じことばかり質問してるわ」「せっかくこんないいことを語ってくれていたのに、もう一歩つっこんだらよかった」と反省することもしょっちゅう。

さらに、どんな人にインタビューをしていても「私って、いつもこの質問を投げかけているんだなあ」と自分の問いかけの癖などもわかってきます。

インタビューとなると、女優さんやタレントさん、料理家さんやスタイリストさん、医師や雑貨店店主など、何かしらのプロフェッショナルに話を聞くことが多くなります。

私は、個人的にも「その人が〝今のその人〟になるまで」の物語に興味があります。さらには、その道のプロになろう、と決心してから、「どうしたら食べていけるようになったのか」という、夢の裏側を支える現実の話をつい聞きたくなってしまいます。

なので、インテリアの取材であろうが、「おへそ」(＝習慣)の取材であろうが、いつも同じ質問を必ずしていることに気づきました。

どんなインタビューでも、「この人が、食べていけるようになるまでに通った道がきっとあるはず」と思い込み、「苦節の時代」について語ってほしいと思ってしまうのです。

でも、誰もが苦労ばかりしているわけではありません。デビューをしたら、トントン拍子にスターへの道を駆け上ったミュージシャンもいるし、実家の支援を受けて、とてもスムーズにお店をオープンさせた人もいます。

そんな人に「何か苦労はなかったのですか?」といくら聞いても、答えは返ってきません。なのに、レコーダーの中の私は、そのことにちょっと不満気なのです。

何度か自分のインタビュー音源を聞くうちに、自分の思い込みに、少しずつ気づきはじめました。「そっか。スムーズに道を歩いてきた人には、もっとほかの質問をすればいいいんだ」とやっと気づいたというわけです。

女優さんには、いちばんうれしかった出会いを聞いてみてもいいし、雑貨店を営む人には、バイイング(仕入れ)の楽しさを教えてもらえばいい……。

「これを聞かなくちゃ」「こんなストーリーで書きたい」という思い込みを手放したとき、初めてインタビューがワンパターンから抜け出し、その人に合わせた世界へと広がりはじめるのかもしれません。

この経験から、人は「自分が聞きたいように聞く」ものなのだ、と知りました。

本当は、「私とは違うあなた」が話してくれることだから、思いがけないエピソードや答えが出てきて当たり前。なのに、どうしても「こう言ったら、こんな答えが返ってくるはず」と、あらかじめ「想定」してしまうのです。
これは、何人かで話していて、第三者として話の行方を追っているとよくわかります。

Aさん「この頃やっとマスクを外して歩けるようになったね」
Bさん「でも、私はやっぱり電車に乗るときなんかはマスクをするよ。降りてから外を歩き出したら外すんだけどね」
Aさん「そうそう、空を見ながら、マスクなしに息を吸えるって気持ちいいんだよね」
Bさん「ただ、駅周辺の人混みはマスクしたくなるね。公園とかだといいんだけど」
Aさん「公園の落ち葉の匂いっていいよね〜。マスクをしていた頃は、やっぱり自然の香りが楽しめなかったから」

この会話は成立しているようで、じつはしていません。

Aさんは「マスクを外したほうが絶対にいい」と思い込んで話しています。対してBさんはもっと慎重で「人混みではまだマスクをしていたい」と語っているのに、AさんはBさんの話から「マスクをしないと気持ちいい」というパーツだけを抽出して聞いています。

一歩外からだと、この行き違いがよくわかりますが、話している当事者になると「聞けていない」ということになかなか気づくことができません。

仕事の打ち合わせや会議のときでも、「こっちの方向に結論を持っていきたい」と思い込むと、それに必要な話しか「耳が開かない」状態に陥ってしまうことがあります。

だからこそ、「自分が聞きたいように聞きがちなんだ」ということを常に意識することが大事。もっと言えば、「自分の持っているものとは違うことを聞きたい」というアンテナを立てることこそ、会話の本質だと思うのです。ただ、これは案外骨が折れるもの。

わからない言葉が出てきたら、質問してみることが大事

自分の辞書にない言葉が会話の中に出てくると、無意識にスルーしてしまいがちです。

「え？　それどういうこと？」といちいち立ち止まるのは、結構面倒くさい。さらには「そんなことも知らないの？」と思われることも恥ずかしい。

でも、立ち止まったところに新たな扉があります。

自分では考えもしなかったこと、まったく知らなかったこと。そんないつもの思考の外にある新しい世界を知ったり、誰かの考えに触れることが人と話すいちばんの醍醐味です。そのはじまりが、まずは立ち止まって扉を開けること、というわけです。

友人「今まで家ではジャズとかボサノバみたいな音楽しか聞いていなかったけれど、クラシックもいいかと思って」

私　「私も朝はバッハを聞いたりするよ。昔ピアノをやっていたから、また習いたいと思っているんだよね」

友人　「そういえば、この前、藤田真央さんの本が出て、読んでみたらとってもおもしろかったんだよね。あんなに若いのに、世界中のオーケストラと一緒に演奏できるなんてすごいよねえ。大人になっての習い事、とってもいいと思う。ピアノ持ってるの？」

私　「習おうと思って、電子ピアノを買ったんだよね。でもコロナでやめちゃって。ところで藤田真央さんって誰？」

友人　「あれ？　知らない？　25歳のピアニストで今世界で活躍しているんだよ」

私　「へ～、反田恭平さんしか知らなかった」

友人　「私は『情熱大陸』で知ったんだよね。軽やかに跳ねるように弾く音がすごくきれいなの」

私　「え～！　ちょっと検索してみる～！」

この会話の本筋は、「クラシックっていいよね」「大人になってピアノを習うっていうのもいいね」ということです。

でも、そこに出てきた「藤田真央さん」という知らない人の名前に引っかかって聞いてみる。すると、帰ってからの私の暮らしの中で、新しい扉が開きます。まずは、YouTubeで藤田真央さんを検索し、彼の演奏を聞いてみました。さらには、ホームページをチェックし、コンサート情報を調べ、今、日本でいちばんチケットが取れないピアニストということに驚きます。

さらには、Apple Musicでアルバムをダウンロード。昨日までまったく知らなかったピアノ曲が、我が家のリビングに流れたりするのです。

そして、次にクラシック好きの友達に会ったとき、「ねえねえ、藤田真央さんのモーツァルトって、本当にすばらしいよねえ」と、新たな話題の種を自分で蒔《ま》くこともできるようになりました。

「そうだよね〜」「だよね〜」と、共有しているものを確認し合う会話も楽しいけれど、「え?」と違いを見つけ、そこから発展していく会話は、家に帰ってからも反芻《はんすう》し、自分の中に取り込んでいく「新たな刺激」となります。

私とあなたが違うものを持ち寄るから、会話のキャッチボールがおもしろい！　だから会話中は違和感だったり、未知なる言葉だったりを聞き逃さないように……。

気持ち良くおしゃべりするだけでなく、そこに含まれるノイズに耳を澄ますことができるようになりたいものです。

まとめ

聞きながら自分との違いを見つけ、

「それってどういうこと？」と聞いてみる

インタビューは質問を分解し、最後に統合するというプロセスが大事

仕事でインタビューをさせていただくのは、女優さんから、科学者、作家、アーティスト、ミュージシャン、ショップオーナー、料理家さん、そして主婦の方々まで、仕事も年齢も生活しているフィールドもさまざまです。お話を聞くときには、だいたいテーマが決まっています。

私が企画編集している『暮らしのおへそ』なら、「日々の習慣」がテーマです。『大人になったら、着たい服』は、50歳以上の女性のおしゃれ。けれど、テーマは「入り口」にすぎません。その奥には、その人の今まで歩

んできた道や、大切にしているもの、そしていつもの日常の営みが必ずつながっています。映画のプロモーションで出ていただいた女優さんでも、その役どころの話をうかがいながら、今までどんな経験を重ね、何を大事にしていらっしゃるか？　そんな話を引き出します。そこが、難しいし、おもしろい！

インタビューのはじまりは、身近な話題から

でも、いきなり「生き方」という壮大な話をしはじめても、相手はとまどうばかりです。

インタビューのはじまりは、「近いところから」が基本。「こんにちは。よろしくお願いいたします」とはじめたら、まずは「今日は風が強かったですよね。大丈夫でしたか？」と誰もに共通する話からはじめたり、「わあ、かわいいワンピースですね」とか「そのネックレス、形がめずらしいですね」と、相手の身につけているものから聞きはじめるのも手。

ちなみに、この話のはじめ方はプライベートで誰かと会うときでも同じです。カフェで待ち合わせて顔を見たら、まず「わあ、きれいな色のセーターだねえ」と、相手の洋服やアクセサリーのことに触れる……。そんなひと言は「あなたのことに興味があります」という気持ちを伝えてくれます。どこから話しかけたらいいかわからない、という人は、この方法をぜひ試してみてください。

中には、無口であまりしゃべらない、という方もいらっしゃいます。そんな人こそ、この「近いところから」というルールが有効です。口数が少ないという人に話をしてもらうポイントは、その人が興味を持っていることをたずねてみるということ。

インタビューの場合は、事前にその人の過去の記事を読むなど、準備をしていきます。その中で、相手の趣味や好きなことをチェック。そこから話をはじめるというわけです。

それでも、インタビュー中に相手が無言になって、「し〜ん」とした静寂が訪れることがあります。

無音の原因はふたつあります。ひとつが、こちらが質問を繰り出せない場合。相手が話してくれたことを理解するのに時間がかかったり、何を質問したらいいかわからなくなって、言葉が出なくなってしまいます。

私は、そんなとき正直に「すみません、緊張してしまって、何を話していたのか、わからなくなってしまいました」と言うようにしています。そして仕切り直して、「では、○○についてお話をうかがってもいいですか?」と話を再起動します。正直になれば、相手も理解して、質問に答えようとしてくれます。

もうひとつは、こちらの質問に対して、相手が「う〜ん」と考え込んでしまう場合。

このケースの沈黙は、チャンスと考えます。つまり相手が、「今まで考えもしなかったことを質問され、どう答えようか迷っている」という状態です。この場合、無理に話そうとせず、相手に考え続けてもらいます。「し〜ん」とすると、どうにか打開しようともぞもぞしがちですが、「きちんと待つ」ことが大事。沈黙の後の言葉は、貴重なひと言になる可能性を秘めています。

かつて、俳優の長塚京三さんにインタビューさせていただいたことがありました。もの静かで、おしゃべりはあまり得意ではなさそう……。挨拶をした後「うわ〜、これは難しそうだ……」と困惑したことを覚えています。

長塚さんの趣味は庭で薔薇《ばら》を育てること。そこで、まずはどんな薔薇を育てていらっしゃるのかを聞いてみました。

そこで教えてくれたのが「ヘンリー・フォンダ」というアメリカの俳優と同じ名前の黄色い薔薇でした。近所に薔薇名人のおじさまがいらして、残念ながら亡くなってしまったけれど、その人に教えてもらいながら育ててきたそう。「ある朝、外に出てみるとね、すべての花が咲き揃っているという瞬間があるんです。花の下には茎と根があって、花咲く前には忍従の時間がある。それが水と太陽と風を受けて、息をのむほど見事に咲く。そんな姿に学ぶことは多いですね」と語ってくれました。

そんな話から、ソルボンヌ大学で演劇を学んだこと、フランスで映画デビューを果たしたこと、そして帰国後、俳優の道を歩きはじめたことをうかがいました。

インタビューが終わった後、マネージャーでもある奥様が「あんなに長塚がしゃべることはめずらしいんですよ」と教えてくれました。

あのインタビューでは、一見まったく関係ない、薔薇の話にすべてが凝縮されていた気がします。

「俳優の仕事はたぶん自己満足なんです。評価が難しくて、どこに『いい』の基準があるかわからない。つかみどころがないから、唯一の方法が自己満足。僕にできることは、より良い自己満足を目指すことかな」と長塚さん。そして、最後に「1年に一度美しく咲く。きみたちは自己満足度が高いねえ。おまえみたいに生きたいよ、って思いますね」と。

一見雑談に思えるささいな話にも、必ずその人の生き方の根っこのようなものがつながっています。インタビューのコツは、その「小さな話」と、その先にあるその人の生き様という「深い話」の間に、上手にブリッジをかけること。

「小さな話」は、その人がふだん見たり聞いたりしていることなので、具体性があります。インタビューをまとめるとき、そのディティールが、読者の想像力を膨らませる力を発揮してくれます。そうやって暮らしの風景を思い描いたその奥に、その人だけの人生の哲学を書く。こうして一人の人を掘り下げる文章を書き上げます。

相手の「好き」から話をはじめる……。このことは、インタビュー以外でもちょっと心しておくといいかもしれません。たとえば、友人と会うときには、その人のSNSをチェックして、最近出かけた場所、観た映画、食べたものなどを知っておくと、会話が弾みやすくなります。何より相手が「私のことに興味を持ってくれていたんだな」と感じてくれるので、距離がぐっと縮まるはず。

なるべく多方面から質問してみる

ひとつのテーマについて話を聞く場合、相手がすぐに欲しい答えを語ってくれるとは限りません。

自分に置き換えてみても、いきなり「あなたの習慣はなんですか?」と聞かれても、「えっと、いろいろあるけど、いつもそんなに意識していないし」と答えられないはず。そんなときは、質問を分解してみます。

習慣なら「じゃあ、朝起きて、まずすることはなんですか?」とか、おしゃれなら「高校生の頃、好きなブランドはなんでしたか?」など。

質問が具体的であればあるほど、「まずは窓を開けて、風を通します」だったり、「アニエス・ベーが好きでしたねえ」と、いろんな答えが返ってきます。そこから、「へえ、冬も窓を開けるのですか?」とか「今でも覚えているアニエスの服ってありますか?」など、会話が展開しはじめます。

限りあるインタビューの時間の中で、なるべくたくさん、なるべく多方向から質問を織り重ねていきます。朝の習慣を聞いたなら、「じゃあ、寝る前の習慣はどんなものがありますか?」と聞いたり、若い頃のファッションの話の後には、「結婚したら、選ぶ服は変わりましたか?」「30代と40代ではおしゃれはどう変わりましたか?」などなど……。

一見バラバラに見えるトピックも、5個、6個と質問の数が増えていくうちに、点と点がつながって、その人の輪郭を描いてくれます。

ただし、ずっと「点」ばかりが増えても、大事な「結論」に辿り着くことができません。習慣やおしゃれの話を聞きながら、その人だけが大切にしている事柄を導き出すことが必要になります。最初は質問を「分解」し、最後にはそれを「統合」するというイメージ。

インタビュー時間の8割ぐらいで、あれこれ、いろんな話を聞いたら、最後の2割で、核心に近い話へ持っていけるよう、話をまとめはじめます。

いろんな話をして場が温まっているからこそ、「だったら、◯◯さんが仕事をする上で、いちばん大事だって思っていることはなんですか?」など、大きな質問にも答えてくれるようになります。今まで出てきた点と点を結んで「だったらこういうことですかね?」と自分で分析したことを投げかけてみたり。

小さな視点と、俯瞰《ふかん》の目を行ったり来たりしながら、その人らしさを掘り出していくのが、インタビューの醍醐味です。会話は生きものなので、相手によって、いつも思い通りに進行できるわけではありません。でも、一生懸命質問し、相手の答えに耳を傾ける……。

その繰り返しの中で、「あ！ これさえ聞ければ大丈夫！」と思える瞬間があります。たくさん話を聞いたけれど、「ああ、この言葉を聞くために、今日はここへやってきたんだ！」と思えるひと言。インタビューとは、その人だけが導き出せる言葉を聞き出すためのプロセス。その言葉は、話している人自身も意識していないことだったりします。

「聞く」という作業は、相手と私の中でキャッチボールをしながら、大切なひと言を一緒に探し出す作業なのかもしれません。

まとめ

時間の許す限り、いろいろな質問を投げかけ、最後に質問をつなげる1本の線を見つける

住む世界が違う人にインタビューするときは、知ったかぶりをしない

インタビューをする相手が、いつも話し慣れている仲間とはちょっと違う世界に生きている……。そんなときは共通言語を見つけるのが難しくなります。

まずは、分野が違う人。私は、ライフスタイル系の雑誌の記事を書いたり、暮らしまわりのエッセイを書くことが多いので、取材相手のほとんどは、スタイリストさんだったり、料理家さんだったり。でも時折、バリバリのビジネスマンや、私が苦手な理系の物理学者や科学者さんに話を聞くこともあります。

そんなときに大事なのは、知ったかぶりをしないこと。

業界では当たり前に使われている言葉でも、一歩枠の外に出たら、まったく聞いたことがない、とはよくあること。

「そんな基本も知らないの？」と思われるのが怖くて、「へ〜、なるほど〜」とわからないまま話が進んでいくと、はじまりの「根っこ」がわかっていないので、結局枝葉を広げる質問もできないし、話を積み上げて結論を導き出すこともできません。

だからこそ、わからない言葉が出てきたら、「えっと、不勉強で申し訳ないのですが、○○ってどういう意味ですか？」と正直に聞いてみます。

そうすると、大抵はていねいに教えてくださいます。「なるほど〜！」と心底納得した顔をすると、それが伝わるのでしょうか。その後の会話がより弾む気がします。そして、ひとつずつ着実に話を積み重ねて聞くことができます。

知らないのは、恥ずかしいことじゃない

数年前から、私自身が取材を受けてインタビューをされる機会が増えてきました。立場が逆転してみると、今まで見えていなかったことが見えてきます。

若いライターさんが我が家に取材に来られると、使っている器の作家さんの名前をご存じなかったり、家具ショップやギャラリーについても、行ったことがない、知らない、ということがあります。

でも、「それってどこにあるのですか？」「この器のいいところはどこなんですか？」と目をキラキラさせて一生懸命聞いてくれると、「わあ、素直な子だなあ」と感動し、どんどん教えてあげたくなります。

逆に「そうですよね〜」となんとなく知ったかぶりをされると、すぐわかってしまいます。「この人、ほんとはわかってないな」って。なのに質問をしないということは、本当に「知りたい」と思っていないこと。

そんな経験をしてから、「知っていること」より「知りたいと思うこと」の

ほうが、ずっと大事なのだと気づきました。

インタビューをする相手の前では、自分が立派である必要はないのです。私は優等生気質なので、取材する相手に、「へ～、このインタビュアー、なかなかすごいじゃん！」と思わせたくなっている自分に気づきます。

でも大事なのは、自分のことを認めてもらうことではなく、相手に気持ち良く話してもらうこと。そのためには、自分の姿はできるだけ小さく、さりげなく。そのことを肝に銘《めい》じたいと自分に言い聞かせています。

自分のモノサシをいったん捨てて話を聞く

反対に、自分よりもずっと年下の人に話を聞くこともあります。

数年前、「GetNavi」という情報誌のウェブサイトで、20代のモデルやミュージシャンの女の子たちに話を聞く連載をしていました。

取材がはじまる前、担当の編集者からこんな話を聞いていました。「イチダさん、最近の20代は、半径2メートル以内のことしか興味がないんですよ」「無理して頑張らないで、自分ができること、できないことを整理して、堅実に歩いていくんです」「努力はするけれど、1カ月経って結果が出なかったら諦めるんです」。

「頑張る」ことを美徳とし、自分の能力以上のことを抱えて伸び代を伸ばしていた私たちの世代とは大違い。彼女たちの話を聞いてみたら、私が「当たり前」だと思ってきたあれこれを、もう一度見直すきっかけになるかも……と興味津々で、この仕事を受けたのでした。

心したのは、自分のモノサシで彼女たちを測らないこと。質問して答えてもらったら、それに対して「でもさ〜、普通こう思うよね。それってどう?」と、自分のモノサシで測ってみて、次の質問を投げかけがちです。でも、それをぐっと我慢。

「上京したきっかけは?」と聞くと、「東京で暮らしてみたかっただけなんです」とモデルの彼女。たまたま友人に勧められて受けたファッション雑誌のオーディションで、スタッフに声をかけられてモデルの仕事をするようになったのだと話してくれました。そこには、大きな決心や目標はありません。

私たちは、つい「なんのために」「どうして？」と理由や夢を語ってもらいたがりがち。でも、彼女たちは「今」が楽しいことが何より大事なのだ、と言います。それでも、雑誌に出たらファンが増えるように、メイクを自分で工夫したり、かわいいアクセサリーを手作りしたり。そんな話を聞きながら、爪の整え方や、プチプラコスメの情報をたくさん教えてもらいました。

それでもやっぱり、彼女たちも「見た目」や「評価」は気になるよう。そんな揺れ動く心をすくい上げられるように……。若い子たちの話を聞くときには「丸ごと受け入れる」ということが大事だということを学びました。

合いの手を上手に入れて話題を引き出す

インタビューで大事なのは、会話のリズムをつくることだなあと感じます。

無口な人も困るけれど、もしかしたらもっと困るのは、自分のペースで次から次へと、どんどんおしゃべりする人かもしれません。

このタイプの人は、「聞かれたこと」ではなく、自分が「話したいこと」を話しがち。気がつくと、質問を挟むこともできず、どんどん話が脱線して、後でまとめるのに大層苦労します。

この手の人は、無理やりこちらの質問へ引き戻そうとしても、うまくいきません。相手は気分よく話したいのです。だとすれば、そのテンポをさえぎらないことが大事。できることは、小さなジャブをたくさん打つこと。つまり、自分も相手のテンポにのって、その人の話の合間に「合いの手」をちょこちょこ入れるのです。

「え〜！　それって○○ってことですか？」「あら、それってなんですか？」「そんなときはどうするんですか？」といった具合です。

ずっとその人のリズムで進むより、ちょっと立ち止まって、またスタートして、また立ち止まって……を繰り返すことで、自分の独壇場ではなく、これは

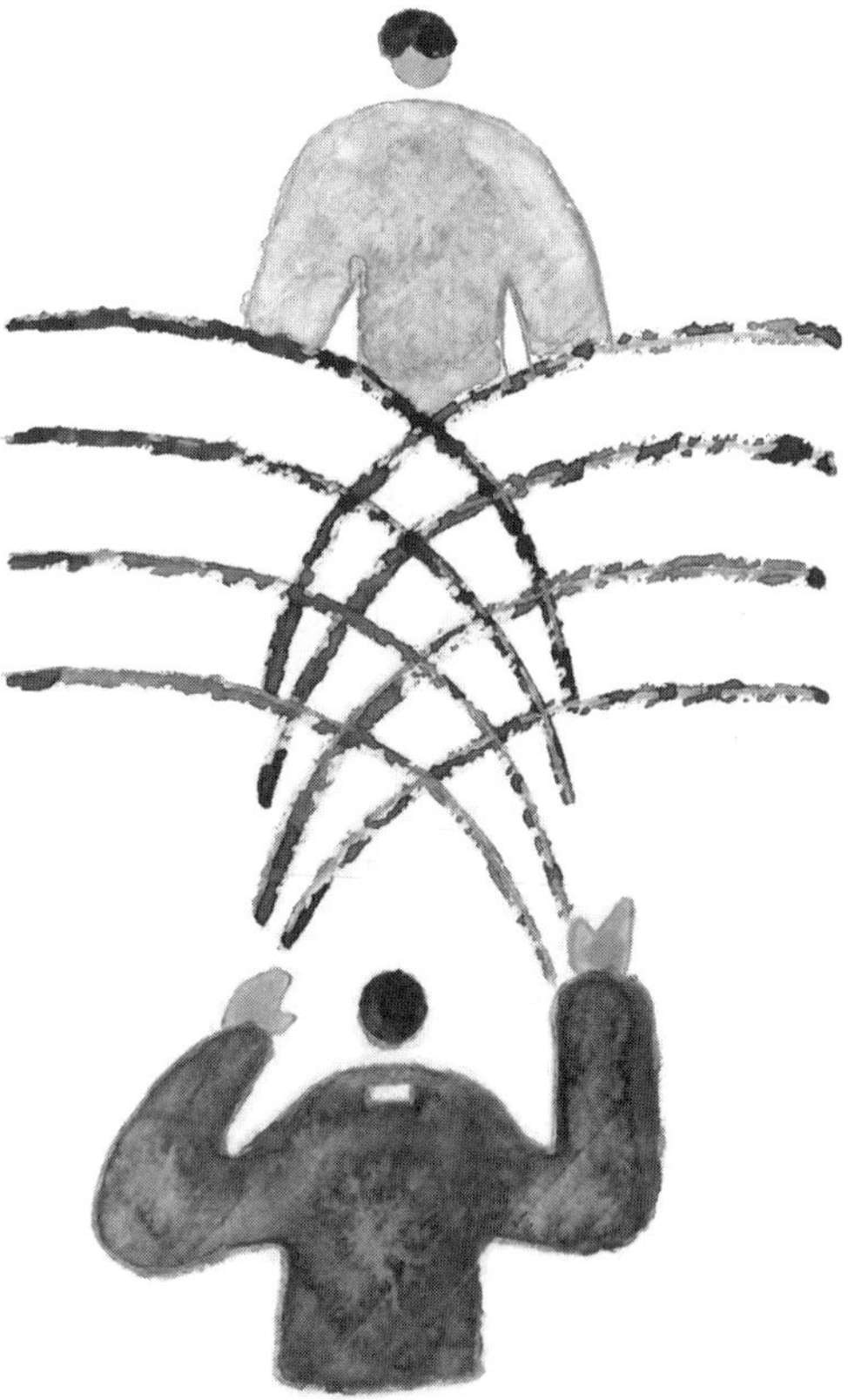

話が噛み合わないときには、相手が発した言葉を糸口にし、
質問を重ねることが大事。脱線しないように上手に言葉を
つなぐことで会話のリズムをつくる。

「インタビューなのだ」と思い出してもらうことができます。

そうやって、ジャブの答えを少しずつ拾い集め、こちらが「聞きたいこと」への答えを構築していくわけです。

相手のリズミカルな話の中で、上手に合いの手を入れられるようになると、「う〜ん、それはきっとこういうことかな」と、相手が会話の途中に考えてくれるようになります。そうなったらこっちのもの！

インタビューでいちばん大事なのは、相手に「考えてもらうこと」です。思いもしなかった質問をされ、「えっと、それってどういうことだっけ？」と自分の中へ降りていき、答えを見つけに出かけてもらう……。

そうやって、「用意していた答え」や「今までどこかで話した話」ではなく、インタビューのその日そのときに考えたことを語ってもらう。取材した人から「私、こんなことを考えていたんだって、今気づきましたよ」という言葉をもらうことほど、うれしいことはありません。

自分と住む世界がまったく違う人に話を聞くことは、ハードルが高くて気が重くなります。いつも、そんなインタビューでは、「ああ、行くのイヤだなあ」「うまく話が聞けるかなあ」と不安になったり、もやもやしたり。

でも、大抵の場合、緊張した時間が終わると、「あ〜、おもしろかった！」と家に帰ってくることがほとんどです。

視点が違うからこそ、世界がまったく違うのに、「それおんなじですね！」と言い合える共通点を見つけ出したときの喜びはひとしお！　気が重いインタビューほど、収穫は大きいのです。

まとめ

わからないこと、知らないことと自分の接点を見つめるように聞く

会話をすることは、
相手と自分の境界線を溶かすこと

誰かとごはんを食べに行ったり、友達とお茶を飲みに出かけたとき、「最近どうしてる?」という話になります。忙しい中で、せっかく時間を合わせて過ごすのだから、できれば「ああ、会えてよかった」というひとときを過ごしたいもの。

そのときのポイントになるのが、「会話の深さ」です。

自分のことのように、相手の話を聞く

誰かの噂話や推しの話、おいしいお店の情報交換も楽しいけれど、会わない時間にその人が何をして過ごし、そこでどう考え、どんなことに気づいてきたのか。ふだんはそんなに話さないけれど、じっくり時間をかければ、言葉にできることを聞きたいな、と思います。

そんな表層より少し奥深くにあることに触れることができたとき、自分の中の何かがツンとひと刺し刺激される気がして、「そうそう、そうだった！」と思考が動き出したりします。

人の話を聞く楽しさは、「へ〜！」「そうだったんだ〜」という「その人ばなし」だけに終わらず、相手が経験したこと、感じたことを語っているのに、まるで自分のことのように聞けること。

つまり、相手と自分の境界線がだんだん溶けていく、という体験です。「あ、それ、私もこの前そう感じたんだよね〜！」。そう言えると、相手と自分の話

の接点が次々に見つかって、「ということは、こういうことなんじゃない？」と、ひとつの真実が二人の間に浮かび上がる……。それは、自分一人では決して味わえない快感です。

たとえば、先日引っ越したばかりという友人の新居を訪ねたときのこと。

「ここ、家賃はずいぶん高かったんだけれど、なんとかなると、えい！って借りちゃったんだよね〜」と彼女。

「自分の身の丈で手が届く範囲の中だけで、なんとかしようとするよりも、まずは、こんな空間なら気持ちいい、という自分の気持ちを優先させてみようと思ったから。そうすれば、現状がきっとついてくると思うんだよね」と。

ちょうど私も同じことを考えていました。

私は怖がりで、優等生気質で、絶対に失敗したくない。失敗して傷つくのがイヤと考えてきたけれど、失敗しないとわからないことがある、と気づいたこの頃。

「そうそう、こうなったらこうなるはずって、方程式を組み立てるより、『こうなりたい』って先に決めて動き出すと、その後に新しい方程式が生まれるのかもね」という話をしました。

彼女の引っ越し話と、歳を重ねたからこそ見つけた私の話。そんなふたつの世界がつながって立ち上がってきたことは、「心のままに動くという不確かなやり方が、じつはとても確かだ」という真実でした。

相手が語っていないことにまで想像力を広げる

そんな会話をするために大事なスキルが、相手の「答え」の奥につながっているひもをたぐり寄せながら、次の質問を重ねること。

「こんな家に引っ越したんだよねえ」と話しはじめたら、「どうやって見つけたの？」と聞く。「ネットで見つけて見に来てみたら、すごく良くて」と答えてくれたら、「どこが決め手だったの？」と聞く。

さらには「引っ越すことで、何かを変えたかったの?」「それは、あなたの仕事とどう関連するの?」と、答えの中から質問を見つけて、どんどんその人が過去に試作したプロセスを掘っていきます。

これは、相手が実際には語っていないことにまで耳を澄ませるということです。そのとき必要になるのが、想像力の発動です。

「こんな人と会ったんだよ」と聞いたとき、「その人とどんな時間を過ごし、そこから何を得たんだろうか?」と相手が語ってくれている世界の中に入り込み、自分を相手にすり替えてみます。私とあなたという関係で向き合って話をしているのだけれど、自分の席を抜け出して、相手と一体化して、相手の目線を追体験する……といったイメージ。

そうやって「本当に聞く」ことができたとき、相手の体験を自分に取り込むことができます。何気なくおしゃべりしているときには、相手の体験のうち、自分の引き出しに入れることができたのは、10%だけ。

でも、自分を相手に乗り移らせて耳を澄ませたとき、引き出しに入れられる量は、50％、80％と増えていきます。

さらに、そんな「本気の質問」をされたとき、人はなかなか気持ちがいいものです。

「この前、こんなところに行ってきて」「こんな人に会って」「こんなおいしいものを食べて」と、自分が確かに体験したことを話しているのに、それをきちんと消化できている、とは限りません。「やりっぱなし」になっていたことがほとんどで、いったい何を得て、何を感じたのか、自分で考える暇もなく、どんどん記憶は沼の中に沈んでいってしまいます。

そんなとき、友達と会って質問され、それに答えることで、自分の経験をもう一度整理することができます。

優れた質問は、質問をされた側にとっても、発見を誘導してくれます。自分でも思ってもみない角度から質問をされれば、自分の体験をもう一度違った目で分析し直すきっかけとなり、体験にシャープな輪郭を与えてくれます。

何人かでおしゃべりをしているとき、誰かに「話を振る」というスキルも大事にしたいことのひとつ。

そこにいる人の中には、その話題にはあまり関係ない人もいます。そんなとき、会話をすべての人に回す質問力が大切になります。「○○さんは、最近どうなの?」と、あまり話していない人へ話を振ってみます。

あまり話すことが得意でない人にこそ、あの「ひもをたぐり寄せる質問」を適用。すると、みんなで囲むテーブルの上の空気の中に、彼女の入り込む隙間が生まれる気がするのです。

せっかく集まっているのですから、会話の中に、そこにいる人全員の世界がくっきりと立ち上がってほしい。おしゃべりな一人か二人の話だけで場が進んでいくのではなく、参加者みんなが「ここにいる自分」につながる世界をちゃんと会話にのせられるように。

だからこそ、おしゃべりを楽しみながら、一人一人が会話の「回し役」になるのがおすすめ。自分がしゃべり、隣の人がしゃべったら、「じゃあ、あなたは？」と向かい側に座る人に話を飛ばす……。

そうやって、ずっと同じ流れにならないように、途中で川を堰《せ》き止めて、右へ左へと支流をつくり、会話を広げていったとき、全員で「場」を立ち上げるという成熟した会話が生まれます。

質問したりされたり。そんな会話は、それぞれが日常で体験したことを交換し合う、ということ。誰かの体験や、思考のプロセスや、感じ方を知ることで、自分の細胞がプチプチと活性化する気がする……。そんな体験をしたとき、一人で見たり、聞いたりできることなんて、ほんのわずかなんだと実感します。

「聞く」こと、「話す」ことは、自分が知っているより、世界はもっと広く、もっと深いと知るためのの扉をくぐることなのだと思います。

まとめ

体験の奥にある無意識を
互いに掘り起こすことが会話の楽しみ

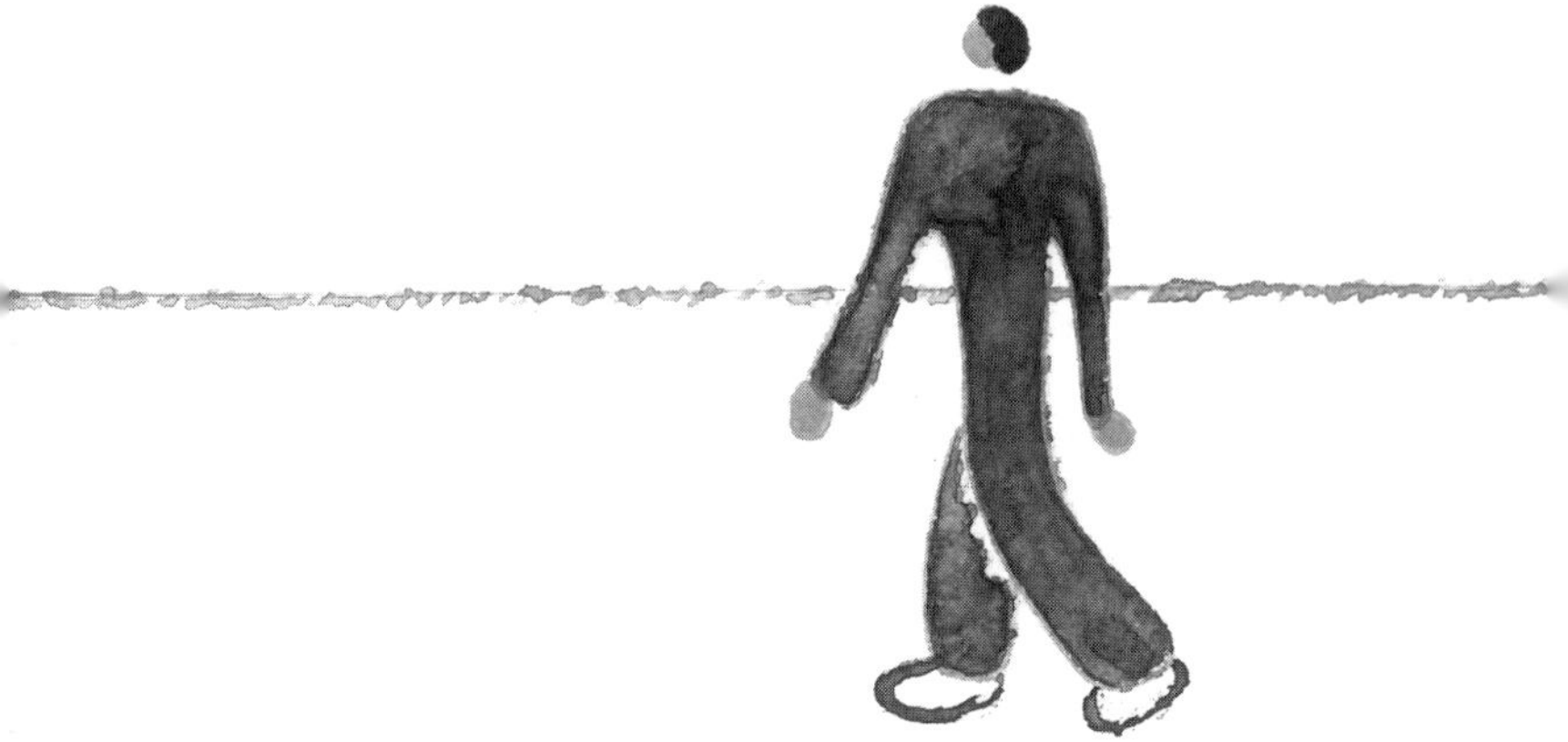

おわりに

私は、人に頼ることが苦手です。つらいことがあったり、悶々《もんもん》と悩むことがあっても、なかなか誰かに相談することができません。

一緒に仕事をしている仲間が、じつは私に対していい感情を持っていないと知ったとき。自分では思ってもいなかった何気ない言葉で、相手を傷つけてしまった、と後から聞いたとき。何か解決法があって、「こうすれば気持ちが晴れるはず」とわかっていればさっぱりするのですが、原因が私自身の性格にあったり、立場や仕事のスタンスの違いにあって、それは「仕方がない」と受け入れるしかない、というときには、特にクヨクヨと一人で悩み続けます。時間が経って少しもやもやが和らいだとしても、胸の奥に小さな切り傷を負った痛みが、時折疼《うず》いたりもします。

先日ＮＨＫの「スイッチインタビュー」で、歌手で俳優の安田章大さんと、精神科医の清水研さんが語り合っている様子を観ました。安田さんは数年前に脳腫瘍の手術を受け、後遺症で光過敏となり、サングラスが手放せない生活になったそう。清水さんは日本で初めての、がん患者の心を支える「レジリエンス外来」を開設した方。「レジリエンス」とは、バネが伸びて元に戻る力のように、不利な状況やストレス、心配事があったときの「回復力」や「弾性（しなやかさ）」を意味します。

清水さんが、外来に相談にやってきた膵臓《すいぞう》がんで余命１年と宣告を受けた女性の話を聞いている様子が映っていました。ずっと「家族に心配をかけちゃいけない」と思い、頑張ってきた彼女。清水さんが「うんうん」と頷《うなず》きながら話を聞くうちに、ぽつりとこう語ります。

「そうなんです。私、まわりの人を信頼していなかった」

自分の弱さ、悲しみ、苦しさを誰かに話す、ということは、相手を信頼するということなんだと教えられました。

ちょうどその頃、私は仕事仲間と気持ちがすれ違い、小さなストレスを感じていました。ずっともやもやして、毎朝起きるとそのことが頭をよぎり、どんよりとした気分になります。その問題の渦中にあるときには、なかなかその悩みを話すことができず、少し時間が経ってから、夫に「じつはさあ」と話してみました。「そうやったん?」と夫。何か解決策を提示してくれたわけではないけれど、なんだかほっと安心して、晴れ晴れとした気分になりました。

そのとき、あらためて実感したのです。「誰かに話を聞いてもらうってすごい!」って。

コミュニケーションの正体は、その人との「脳波の同期」だと考えられている、と何かで読んだことがあります。私が悲しかったときの話をすると、聞いてくれた人の脳波が、その悲しみと同期する……。そんな同期が悲しさを癒やし、安心と元気を与えてくれるのかもしれません。

話して、それを誰かに聞いてもらう。「話す」という行為は、ただそれだけで尊いもの。何かを解決したり、得たりするだけが、「話す」ことの目的ではありません。そのもっと手前にあること。隣にいる人のことを信じて、自分の内側にあるものに、「言葉」という輪郭をつけてアウトプットする……。ただそれだけで、「話す」ことは、大いなる力を生むのだと思います。

コロナ禍で人と会えなかった時期、私たちはオンラインで、なんとか遠くにいる人と話そうとし、「会って話す」ことがいかに大切だったのかを実感しました。やっぱり人は、誰かに話を聞いてもらい、受け入れてもらう実感が必要なのだと思います。

「話すこと」をテーマにしたこの本を書こうと思ったのは、一人で「何者かになろう！」と張り切っていた時期を経て、今になってようやく、心を重ねてくれるだけでいい、という人の優しさを信じたくなったから。

自分の話を「そうねえ」と聞いてもらい、誰かの話を「なるほどねえ」と聞く。人生の後半は、そんなささやかな心のふれあいの中に、光を見つけながら暮らしていけたらいいなあと思っています。

一田憲子《いちだのりこ》

1964年生まれ。文筆家。女性誌や暮らし系雑誌、インテリア誌などで活躍するほか、『暮らしのおへそ』『大人になったら、着たい服』(ともに主婦と生活社)などの雑誌を立ち上げ、企画から編集、執筆までを手がける。主な著書に『キッチンで読むビジネスのはなし 11人の社長に聞いた仕事とお金のこと』『暮らしを変える書く力』(ともに小社刊)、『人生後半、上手にくだる』(小学館クリエイティブ)、『歳をとるのはこわいこと?』(文藝春秋)がある。
公式ホームページ「外の音、内の香」https://ichidanoriko.com/

すべて話《はな》し方《かた》次第《しだい》

2024年3月28日　初版発行

著者　一田《いちだ》 憲子《のりこ》
発行者　山下 直久
発行　株式会社KADOKAWA
〒102-8177 東京都千代田区富士見2-13-3
電話 0570-002-301(ナビダイヤル)
印刷所　TOPPAN株式会社
製本所　TOPPAN株式会社

[お問い合わせ]
https://www.kadokawa.co.jp/(「お問い合わせ」へお進みください)
◎内容によっては、お答えできない場合があります。
◎サポートは日本国内のみとさせていただきます。
◎Japanese text only
定価はカバーに表示してあります。

ISBN 978-4-04-897705-0 C0095